남들 다 챙겨도 내 마음은 챙긴 적 없었다

남들 다 챙겨도 내 마음은 챙긴 적 없었다

이계정
지음

내 인생을 온전히
나에게 돌려주는

치유의
심리학

스몰빅라이프

타인과 잘 지내고 싶다면
내 마음부터 챙겨야 한다

어느 해 연말, 모처럼 일찍 퇴근한 뒤 백화점에 들러 가족들의 크리스마스 선물을 사던 날이었다. 반짝이는 장식과 캐럴 소리 사이에서, 나는 벌써 몇 시간 동안이나 백화점 복도를 방황하고 있었다. 어떤 선물을 고르면 좋을지 고민을 마치지 못했기 때문이다. 가족들이 선뜻 좋아할 선물을 고르자니 가격이 너무 비쌌고, 예산에 맞추어 경제적인 선물을 고르자니 가족들이 실망할까 봐 걱정이었다. 그렇게 이리저리 발품을 팔다 겨우 선물을 고르고 나니 결국 예산을 조금 넘겨 버리고 말았다. 대책 없이 카드를 긁었나 싶어 순간 가슴이 철렁했지만, 기뻐할 가족들의 얼굴을 생각하니 위안이 됐다. 게다가 지하 식품관에서 쓸 수 있는 상품권을 준다고 하니 조금은 이득을 본 듯한 기분도 들었다.

양손 가득 쇼핑백을 들고 상품권을 받는 줄 끝에 섰다. 연말이라 그런지 줄은 더 길었고, 더 느리게 줄어들었다. 지루하게 순서를 기다리던 나는 무심코 시간을 확인한 뒤 깜짝 놀랐다. 저녁을 준비해야 할 시간이 훌쩍 지나 있었기 때문이다. 초조해진 마음으로 발을 동동거리다가, 한참 만에 상품권을 받아 들고 부리나케 지하로 내려갔다. 저녁 찬거리를 장바구니에 담고 얼른 계산을 끝마친 뒤 밖으로 달려 나와 택시를 잡는데 문득 서러움이 복받쳤다. 점심도 제대로 못 먹고 진을 빼서 고단한 탓인지도 몰랐다. 하지만 그 이유 때문만은 아니었다. 몸의 피로로는 설명되지 않는, 마음 깊은 곳에서 올라오는 서러움을 그때의 나는 느끼고 있었다.

택시 뒷좌석에 기대어 가쁜 숨을 고르자 소란스러웠던 마음이 조금씩 가라앉았다. 차창 밖으로 무심히 흘러가는 구름을 보며, 방금 나를 덮쳤던 그 서러움이 구체적으로 무엇 때문인지 곰곰이 되짚어 보았다. 가족을 위해 퇴근 후의 피로를 무릅쓰고 뛰어다니는 것은 분명 고된 일이었으나, 결코 억울하거나 싫은 일은 아니었다. 오히려 내가 고른 선물을 보며 기뻐할 가족들의 얼굴을 떠올리면 흐뭇한 기분이 들었다. 하지만 그 흐뭇함의 아래에는 혹시라도 가족들이 선물을 마뜩잖아하진 않을까 하는 걱정, 저녁 준비가 늦어져 식구들이 배고파하지는 않을까 하는 초조함 등이 마구잡이로 뒤엉켜 있었다.

이렇게 마음이 복잡할 때 우리에게 필요한 것은 뭘까? 바로 그 뒤섞인 감정에서 한 발짝 물러나는 것이다. 코앞에서 볼 땐 붓 가는 대로 아무렇게나 칠한 것 같은 물감 자국도, 한 발짝 물러서서 보면 아름다운 형상을 갖춘 한 폭의 그림이 되지 않던 가. 사람 마음도 비슷하다. 감정에 휩쓸린 순간에는 억울함이 나 서러움에 눈물이 복받치더라도, 한 발짝 떨어져서 생각해 보면 그런 감정을 느끼게 된 이유나 상황이 눈에 들어온다. 그러면 내가 정말로 원하는 것은 무엇인지, 그걸 위해선 어떻게 해야 하는지 역시 자연스레 깨닫게 된다.

한 발짝 떨어져 들여다보니, 당장이라도 나를 휩쓸 것처럼 거대하게 느껴졌던 서러움의 뿌리가 눈에 들어왔다. 그것은 내가 가족을 챙기는 것만큼 나 또한 타인에게 돌봄을 받고 싶다는 욕구였다. 그 욕구가 해소되지 않을수록 나는 오히려 가족에게 더 헌신했다. 이는 사실 나를 봐 달라는 신호였다. 내가 이만큼 '좋은 엄마, 좋은 아내'가 되고자 열심히 하고 있으니, 그런 내 노력을 알아달라는 신호였던 것이다.

하지만 그건 사실 내게 도움이 되는 방향이 아니었다. 오히려 가족들의 의견에는 관심을 기울이지 않은 자기중심적인 생각이었다. 저녁을 차리기 늦었다면 외식을 권할 수도 있었고, 혹은 가족들에게 저녁 준비를 도와 달라고 연락할 수도 있었다. 그런다고 해서 나를 탓할 사람들이 아니었는데도, 나는 '지나친 책임감'이라는 이름의 고집을 부리고 있었던 것이다. 실은 서로 조금씩 의존하며 함께 살아가는 것이 가족인데도 말이다.

이렇게 내 마음의 복잡한 단면을 섬세하게 이해해 주는 것이 진정으로 나를 사랑하는 일이다. 요즘 우리 사회 곳곳에서는 '나를 사랑하자'라는 말이 자주 들린다. 하지만 우리는 정작 그게 무엇이고 어떻게 하는 것인지 제대로 모른다. 어쩌면 잘 모르기 때문에 더 힘주어 말하는지도 모른다. '나를 챙기자', '나부터 돌보자' 등의 표현도 같은 맥락일 것이다.

사실 대부분의 심리학자들이 바로 이런 것을 탐구한다. 어떻게 나를 사랑할 것인지, 또 나에 대한 사랑과 타인에 대한 사랑을 어떻게 연결 지을 수 있을지 말이다. 물론 여기서 '사랑'이란 연애 감정에 대한 표현이 아니다. 이때의 사랑이란 '적극적으로 대상에 관심을 기울이는 일'로, 그로 인해 느껴지는 다양한 감정을 솔직하고 균형 있게 받아들이고 연결 짓는 일이다. 그러니 나를 사랑한다는 것은 곧 나의 내면과 온전히 연결되어 살아가는 것, 나아가 내가 무엇을 느끼고 생각하는지 적극적으로 이해하는 것을 뜻한다. 이처럼 내 삶에 애정과 호기심을 갖고, 마음을 열어 세상과 연결될 힘을 기를 때 우리는 진정으로 내 마음과 내 주변을 모두 챙기며 살아갈 수 있다.

이 책을 쓰는 동안 이러한 연결의 가치와 방법을 전달하고자 애썼다. 나를 사랑하고 나를 챙기는 일이, 곧 나를 깊이 이해하고 나와의 연결을 시도하는 과정임을 설명하고자 했다. 남을 챙기느라 분주한 마음은 세상과 단절되어 홀로 남겨질 것을 두려워하는 마음일 수 있다. 그것을 알지 못한 채 나의 역할만을 스스로에게 강요하면, 지친 나는 더 옹졸해지고 만다. 마음 한편에 이렇게 통제할 수 없는 감정이 휘몰아치면, 반대편에서는 죄책감이 고개를 들며 스스로를 위축시키기도 한다. 우울과 불안 등 현대인에게 만연한 심리적 문제 역시 어쩌면 진실한 나로 살아가고 싶다는 간절함의 표현일 수 있다. 이제 그 간절함에 귀를 기울여 보자.

　　우리는 모두 상처를 안고 살아간다. 그 상처가 언제 다시 덧
날지 몰라 숨죽이며 조심스레 살아가는 스스로를 꼭 안아 주길
바라며, 이 책이 바로 그런 안아줌의 계기가 되었으면 좋겠다.
아울러 그간 나를 진실로 아껴준 이들이 없었다면 이 책을 쓸
수 없었다는 것도 고백해야겠다. 소중한 모든 인연들에게 감사
의 마음을 전한다.

목차

머리말

타인과 잘 지내고 싶다면 내 마음부터 챙겨야 한다   5

───── Part 1 ✦ 나를 지키는 일이 가장 먼저다

마음이 우울할 땐 몸부터 챙겨라   17

사람에게 받은 상처는 사람으로 치유된다   25

나를 먼저 챙겨야 남을 챙길 여유도 생긴다   33

적당히 기댈 줄 아는 사람이 더 강하다   41

부정적 감정도 알고 보면 내 편이다   50

완벽하려 애쓰면 아무것도 하지 못한다   57

내 문제를 정확히 아는 것이 진짜 지혜다   64

자신을 용서할 줄 알아야 삶이 편해진다   71

───── Part 2 ✦ 소중한 사람을 대하듯 나를 대하라

남을 미워하기 전에 나를 먼저 사랑하라   81

모든 사람을 만족시키려 애쓰지 마라   88

때론 조용한 사람이 가장 강하다   96

혼자가 편한 게 아니라 상처받기 싫은 것이다   104

함께 있어도 외로움을 느끼는 이유   111

기대가 큰 만큼 미움도 커진다   119

혼자서 잘 지내야 둘이서도 잘 지낸다   125

인간관계에도 꾸준한 연습이 필요하다   132

Part 3   ✳   **부정적인 감정도 내 편으로 만들어라**

참아서 해결되는 감정은 없다   141

인생의 고삐를 타인에게 넘겨주지 마라   148

일어나지 않은 일을 미리 걱정하지 마라   157

오답을 골라 본 사람이 정답을 알아본다   165

멀리 가고 싶다면 충분히 쉬어야 한다   173

눈앞의 일에 집중하면 걱정이 사라진다   179

고독을 인정해야 외로움이 사라진다   187

화를 방치하면 언젠가는 폭발한다   195

Part 4   ✳   **타인의 속도가 아닌 내 속도로 살아라**

머리 대신 몸을 통해 알게 되는 것도 있다   203

적당한 갈등이 더 좋은 관계를 만든다   209

잃을 것을 각오해야 새로운 삶이 열린다   216

내가 사랑해야 할 1순위는 나 자신이다   223

내 삶의 정답은 내가 정하는 것이다   230

도망친 곳에 낙원은 없다   238

다른 누구보다 나에게 먼저 친절하라   246

당신의 가치는 당신이 만드는 것이다   255

나를 지키는 일이
가장 먼저다

마음이 우울할 땐
몸부터 챙겨라

사람들에게 다가가기가 무서워요

취업 준비 중인 한 대학생이 상담실에 들어왔다. 걸음걸이가 다소 어색하고 자리에 앉아 말을 꺼내는 과정도 편치 않아 보였다. 첫날은 누구나 긴장이 되는 법. 인내심을 가지고 가벼운 질문을 건네며 상대가 편안하게 이야기를 꺼낼 수 있도록 기다렸다.

학생이 꺼낸 고민은 사실 평범하다면 평범한 취업 고민이었다. 진로를 고민하며 갈팡질팡하는 시기를 거친 뒤 본격적으로 구직활동에 뛰어든 참이었는데, 이력서를 넣은 기업 중 한 곳에서 면접을 보러 오라는 연락을 받았다고 했다. 잘됐네요, 하며 축하하자 학생은 불편한 미소를 지었다. 그리곤 실은 면접 준비를 하나도 하지 못했다고 털어놓았다. 자기소개를 연습하거나 예상 문답을 준비하려고 하면 계속해서 면접을 망칠 것 같다는 불안과 걱정이 몰려와 하나도 집중할 수가 없다는 것이었다.

의아했다. 이야기를 나누며 받은 인상으로는 면접도 아주 잘 해낼 것 같은 학생이었기 때문이다. 물론 초년생이니 부족한 점이 있기야 하겠지만, 말하는 것을 들어보면 제법 재능도 있고 진로에 대한 확신도 있어 보였다. 말도 조리 있게 잘해서 문외한인 나도 흥미를 느껴 몰입할 정도였다.

문제는 그보다 다른 곳에 있어 보였다. 즐겁게 이야기를 늘어놓다가도 어느새 급격히 비관적인 결론을 내려버린다는 것. 그리고 그렇게 말하는 학생의 몸이 잔뜩 수그러들어 있다는 것. 작아진 목소리를 듣기 위해 몸을 웅크린 나조차도 어깨가 결릴 정도였으니 말이다. 그 사실을 깨닫고 몸을 일으켜 세우자, 앞에 앉은 학생의 잔뜩 웅크린 몸과 시선을 피한 얼굴이 보였다. 마치 누군가 자신을 공격해올 것에 대비하는 것처럼, 혹은 누군가 때릴까 봐 겁을 먹은 것처럼, 한발 물러나듯 비스듬히 몸을 틀고 앉아 있는 모습이 비로소 눈에 들어왔다. 지금 그에게 필요한 것은 격려나 응원이 아닌 것 같았다.

몸과 마음에 새겨진 상처들

심리치료의 바이블로 회자되는 책, 베셀 반 데어 콜크 Bessel van der Kolk 의 《몸은 기억한다》에는 수십 년간 트라우마 치료

    남들 다 챙겨도 내 마음은 챙긴 적 없었다

를 연구한 한 의사의 열정적인 글이 담겨 있다. 그는 다양한 환자를 만나면서, 전쟁이나 교통사고, 자연재해와 같은 급작스런 사건의 상처뿐만 아니라 크고 작은 폭력에 꾸준히 노출되어 생긴 상처들 또한 우리의 몸과 마음에 켜켜이 쌓여 심각한 결과를 초래한다는 사실을 발견했다.

지속적인 폭력에 노출된 사람들은, 비슷한 상황에 처하면 과거의 기억이 불현듯 떠올라 가슴이 뛰거나 식은땀을 흘리는 등 신체적인 증상을 겪기도 한다. 이를 '트라우마'라고 부른다. 이때 본인은 그러한 증상의 근본적인 원인을 깨닫지 못하는 경우도 있다. 면접을 앞두고 느낀 과도한 불안의 원인을 자기 자신의 준비 부족으로 여겼던 학생처럼 말이다. 이럴 때는 말로 표현되지 않는 몸의 반응을 실마리 삼아, 상처로 남은 과거의 기억을 퍼즐처럼 맞추며 현재의 상태를 이해하는 것이 필요하다.

그렇다면 이 학생이 느끼는 불안의 근본적인 원인은 무엇이었을까? 그것은 바로 부모님과의 관계였다. 그는 자신의 힘든 상황을 설명하면서도 '부모님께 죄송하다'라는 이야기를 자주 입에 올렸다. 가끔은 뜬금없다고까지 느껴질 정도였다. 그런 그와 유년 시절에 관한 이야기를 나누어 보니, 그의 기억 속에는 오랫동안 이어진 부모의 과도한 간섭과 잦은 질책이 깊은 흉터처럼 남아 있었다. 웅크린 어깨와 기어들어가는 목소리, 그리고 상대를 똑바로 바라보지 못하고 비스듬히 앉은 자세는 자기 힘으로 벗어날 수 없는 폭력의 상황에서 그가 택할 수 있는 최선의 자기보호 행동이었다. 빛나는 재능을 스스로 비하하며 비관적인 말로 자신을 짓밟는 습관 또한, "죄송해요, 제가 더 잘할게요"라는 말로 그 상황을 벗어나고자 했던 유년기의 흔적이었다. 그것이 면접관이라는 타인에게 자신의 평가를 내맡겨야 하는 상황에 이르러 다시금 터져 나오고 만 것이다.

물론 이것이 합리적인 사고라고는 할 수 없다. 면접관은 상대의 직무 적합성을 평가하는 사람일 뿐, 상대를 비난하기 위해 나온 사람은 아니기 때문이다. 그러나, 이 학생에게 "걱정 마요, 그건 합리적인 사고가 아닙니다"라고 말해선 아무런 문제도 해결되지 않는다. 오히려 '내가 이상한 건가 봐'라는 생각에 빠지게 해, 의도치 않게 수치심을 안겨 줄 가능성도 있다.

이때 가장 필요한 것은 상대가 느끼는 트라우마를 있는 그대로 인정해 주는 것이다. "그런 일을 겪었으니 불안해하는 것도 당연해요"라고 말하며, 상대의 반응에 의구심을 품지 않고 온전히 수용해 주어야 한다. 요동치는 감정을 가라앉히는 가장 좋은 방법은, 타인으로부터 전폭적인 공감과 지지를 받는 것이다. 그렇게 마음이 진정되고 나면, 비로소 비합리적으로 왜곡된 사고를 수정할 수 있는 여유가 생긴다.

트라우마로 인해 굳어진 생각에서 벗어나는 다른 방법도 있다. 마음에 앞서 몸을 움직이는 것이다. 불안감이 찾아올 때마다 의도적으로 근육을 이완시키며 심호흡을 하거나, 아니면 아예 자리에서 일어나 산책을 할 수도 있다. 몸과 마음은 연결되어 있기에, 마음을 바꾸어 먹어 몸의 반응을 가라앉힐 수도 있지만 몸의 움직임을 바꾸어 마음을 가라앉힐 수도 있다. 새로운 경험을 통해 새로운 감정을 느끼고, 그로 인해 생긴 긍정적인 감정을 기존의 부정적인 감정과 함께 찬찬히 돌이켜보자. 쉬운 과정은 아니고, 긴 시간이 걸릴지도 모른다. 그러나 결국 비합리적인 사고는 차츰 꼬리를 내리고 새로운 생각이 몸과 마음에 스며들게 될 것이다.

상처를 자연스레 지나가게 하는 법

탕웨이가 주연을 맡았던 영화, 〈만추〉는 과거의 상처에서 벗어나지 못한 사람이 어떻게 과거를 '완료'하고 새로운 삶으로 나아가는지 보여준다. 주인공 '애나'는 오랫동안 사랑했던 사람이 떠나자 자포자기의 심정으로 다른 남자와 결혼한다. 그러나 남자는 머지않아 애나에게 집착하며 폭력을 휘두르기 시작했다. 어느 날 돌아온 과거의 남자는 애나의 불행을 알게 되고 '나와 함께 떠나자'고 말하지만 결국 약속장소에 나오지 않는다. 한편 둘의 은밀한 약속을 알게 된 애나의 남편은 또다시 심하게 그녀를 폭행하고, 저항하던 애나는 의도치 않게 남편을 살해하여 감옥살이를 하게 된다.

　　7년 동안의 복역 후 잠시 외출을 하게 된 애나는 시종일관 무표정하다. 누군가에게 호의를 베풀었다가도 상대가 다가오면 화들짝 놀라 멀어진다. 그런 그녀에게 '훈'이라는 이름의 남자가 다가온다. 애나의 깊은 상처를 감지한 그의 도움으로, 애나는 어머니의 장례식장에서 참던 화를 표출한다. 그녀는 세상이 떠나가라 소리를 지르고 울부짖는다. 모든 울분을 털어놓은 그녀의 표정은 다소 밝아진다. 다시 감옥에 들어가고 수년 뒤, 형을 마치고 나온 애나는 비로소 삶을 되찾은 것처럼 보인다.

　　영화에서 애나의 삶을 변화시킨 것은 무엇일까? 잘생기고 멋진 운명적인 남자? 그 역시 좋지만, 그것뿐만은 아니다. 바로 억눌린 울분의 표현이었다. 애나의 화는 진작에 표출되었어야 했다. 남편을 살해한 것은 잘못이지만 한편으로 그것은 정당방위였다는 것을 설명하고 이해받아야 했다. 불행한 결혼 생활이었다고 이해받아야 했다. 책임지지 못할 말을 했던 과거의 남자에게 '왜 당신은 내 삶을 뒤흔들어 놓고 아무렇지도 않게, 한마디 사과도 없이 살아갈 수 있느냐'고 말했어야 했다. 평생을 괜찮은 척하며 피하기만 했던 애나는, 훈의 도움으로 비로소 상대를 정면으로 바라보며 화를 낼 수 있었다. 뻔뻔하게 어머니 장례식장에 나타난 그에게 억눌러 두었던 마음을 말과 행동으로 표현함으로써, 그녀는 그제야 과거를 끝맺고 떠나보낼 수 있었던 것은 아니었을까?

　현실에도 이와 비슷한 경우가 있다. 예를 들어 어린 시절 성폭행을 당했던 피해자는 그 당시 도망치지 못한 자신을 자책한다. 왜 더 명확하게 거부하지 못했는지 후회하며, 당당하게 일어나 뿌리치지 못한 스스로를 원망한다. 혹은 미친 듯이 폭력을 휘두르고 싶은 분노가 치밀어 오를 수도 있다. 그러나 이 모든 반응은 그 순간의 무력감과 억울함, 공포를 밖으로 표현하고 해소하지 못해 생기는 것이다.

　이러한 트라우마를 마주할 때 가장 중요하고 우선시되어야 할 것은, 자신을 비난하지 않고 그 순간 내가 한 행동을 있는 그대로 긍정해 주는 것이다. 충분히 무력하고 두려울 만한 상황이었으며, 반항할 마음을 먹지 못한 것도 당연하고 자연스럽다고 인정해야 한다. 그리고 이로 인해 좌절된 것들, 마음 깊은 곳에서는 원했으나 차마 실현하지 못했던 말과 행동을 뒤늦게라도 표현해보는 것은 과거를 떨치고 현재를 살아가는 데 중요한 발판이 된다.

　영화 속 애나는 운이 좋게도 자신을 힘들게 한 장본인을 향해 화를 내고 사과를 받을 수 있었다. 하지만 현실에서는 그러한 기회가 쉽게 주어지지 않는다. 그럴 땐 상담사 등 안전이 보장되는 관계의 사람에게 사정을 설명하고 감정을 쏟아내도 괜찮다. 여기서 중요한 것은 '안전 보장'이다. 트라우마가 생길 당시와 달리 내 몸과 마음이 충분히 보호받는 상황에서, 응어리진 감정을 온전히 마주하는 것이다. 이렇게 안전한 환경에서 과거의 내 선택을 있는 그대로 존중받는다면, 내 몸에 새겨진 상처가 현재의 나를 옭아매지 않도록 떠나보낼 수 있다.

면접을 걱정하던 학생 역시 그랬다. 몸이 증언한 과거의 상처를 스스로 이해하자, 자신을 둘러싼 상황을 더 객관적으로 보게 된 것이다. 서류 합격은 나에 대한 긍정적 평가라는 것, 그리고 면접관은 나를 평가하고 공격하려는 자가 아니라 함께 일할 적임자를 찾기 위해 고민하는 사람이라는 것을 알게 된 그의 얼굴은 한결 편안해 보였다. 더 조언을 건네지 않아도 알아서 무엇을 해야 할지 계획을 세우는 그를 보며 나는 다시금 깨달았다. 내일을 희망차게 열어젖히기 위해선 과거라는 자물쇠를 먼저 풀어야 한다는 것 말이다.

   남들 다 챙겨도 내 마음은 챙긴 적 없었다

✳ 사람에게 받은 상처는
사람으로 치유된다

사람들을 못 믿겠어요

상담 중 '불안'에 대한 이야기를 하다 보면 그 밑에 숨은 '뿌리 깊은 인간 불신'을 발견하게 될 때가 있다. 특히 요즘처럼 사건 사고가 많이 일어나는 세상에선 누군가를 믿고 안심한다는 것이 더욱 어려울 성싶다. 심지어는 이러한 불신을 해소하고자 찾아온 상담사조차 불신의 대상이 되는 경우가 생기기도 한다. 제 발로 상담사를 찾아왔으면서 상담사를 믿지 못한다니 의아하게 여길지도 모르겠다. 하지만 상담사들은 놀라거나 기분 나빠하지 않는다. 그 또한 자연스러운 마음의 작동 방식임을 알기 때문이다.

예컨대 연애를 하다 보면 지금은 헤어진 옛 연인과 벌였던 싸움이 현재의 관계에서도 똑같은 레퍼토리로 반복될 때가 있다. 과거 연인이 바람을 피우는 바람에, 현재 연인을 의심하고 단속하게 되는 것처럼 말이다. 이러한 관계 패턴은 더 거슬러 올라가, 어린 시절의 경험이 영향을 주었을 수 있다. 나를 불안하게 했던 부모와의 관계를 무의식에 내면화하여 현재의 관계로 재연되는 것이다. 이처럼 과거 중요한 사람과의 관계에서 겪은 심리적 반응을 타인과의 관계에서 반복하는 현상을, 심리학에서는 '전이'라고 부른다. 당시 표현하고 해소하지 못한 부정적인 감정들이 현재의 관계에서 되풀이되는 것이다.

이런 사람에게 무턱대고 사람을 좀 믿어 보라며 등을 떠미는 것은 결코 좋은 생각이 아니다. 그렇다고 다가가자니 날을 세우고, 거리를 두자니 관계가 진전되지 않는다. 이런 사람들을 도대체 어떻게 대하면 좋을까?

누구에게나 그럴 만한 사정이 있다

어느 날 상담실에 상훈 씨라는 이름의 회사원이 찾아왔다. 아내의 권유에 못 이겨 상담실을 찾았던 그는 첫 만남부터 화가 난 표정이었다. 현재 가장 힘든 일이 무엇인지 묻자 "사는 게 다 힘들지, 굳이 말해 뭐 합니까?"라며 퉁명스러운 반응이 돌아올 정도였으니 말이다. 마치 평가를 당하는 듯한 경직된 분위기가 상담실에 감돌기 시작했다.

뚱한 표정으로 입을 다문 그를 보자 문득 영화 〈오토라는 남

 남들 다 챙겨도 내 마음은 챙긴 적 없었다

자〉가 떠올랐다. 주인공 '오토'는 인간 불신의 대명사 같은 노인이다. 매일 험악한 표정으로 동네를 순찰하며, 규정을 안 지키는 주민들에게 다짜고짜 고함을 지른다. 좋게 좋게 웃으며 말할 수도 있을 텐데 말이다. 주민들은 그런 오토를 피하고 무시한다. 결국 마을에서 철저히 고립된 오토는 어두운 집에서 자살을 결심하기까지 한다.

그 순간 누군가 오토의 집 문을 두드린다. 전깃줄을 목까지 가져갔던 오토가 툴툴대며 문을 열자, 그곳엔 처음 보는 신혼부부가 있었다. 자신들을 '마리솔'과 '토미'라고 소개한 그들은 오토네 마을에 막 이사 온 참으로, 그간 모두가 피하기만 했던 오토에게 처음으로 따스한 손길을 내민다. 오토가 계속 짜증을 내고 거부하는데도, 그들은 사람 좋게 웃으며 꾸준히 찾아온다. 그러자 오토의 얼어붙은 마음 역시 조금씩 녹아내리기 시작한다. 결국 그는 마리솔네 가족에게 처음으로 자신의 과거사를 털어놓으며 마음을 열기 시작한다.

현실 속 상훈 씨에게도 그런 기회가 필요했다. 제때 해소되지 않고 응어리진 과거의 상처와 부정적인 감정들을 표출할 기회 말이다. 그렇기에 상훈 씨 같은 사람을 상대할 때는, 부정적인 반응에 일희일비하지 않고 일관적인 태도를 취하는 것이 중요하다. 당신이 뭐라고 하든 나는 여기 있을 테니, 마음이 좀 가라앉으면 이야기하자는 식으로 말이다. 상대가 보이는 날 선 반

웅이, 실은 나를 향한 것이 아니라 과거의 누군가에게 쏟아내고 싶었던 것임을 이해하면 얼굴을 붉히지 않고 상대를 기다려줄 수 있다.

굳게 다문 상훈 씨의 입을 바라보며, 그가 어떻게 여기까지 왔을지 상상해 보았다. 옆에서 보다 못한 아내가 상담을 권했을 정도니 평소의 인간관계 또한 순탄치 않았을 것 같았다. 나는 상훈 씨에게 회사 생활은 어떤지, 아내가 계속해서 상담을 권했을 때 무슨 생각이 들었는지 등을 물어보며 호기심을 유지한 채 질문을 이어갔다. 그럼에도 상훈 씨는 처음 몇 회차 동안 굳게 입을 다물고 있었지만, 점차 분위기가 부드러워지는 것을 느낄 수 있었다. 그러던 어느 날, 그의 입에서 그간 듣지 못했던 과거의 이야기가 조금씩 흘러나오기 시작했다. 입사 3년 차라는 젊은 나이에 겪은 회사의 부당한 대우, 아무도 그를 도와주지 않았던 외로운 싸움까지…. 상담이 거듭되며 상훈 씨는 더 오래된 이야기까지 털어놓았고, 어린 자신을 챙겨 주기는커녕 나무라기 바빴던 어른들 사이에서 마음의 벽을 세울 수밖에 없었던 기억을 되새겼다. 그러고 나서야 상훈 씨는 드디어 곁을 지켜 준 아내와 동료들에 대한 고마움을 표현할 수 있었다.

갈등을 피할수록 고립된다

사람 때문에 받은 상처는 결국 사람으로 치유된다. 그것

　　　　　　　　　남들 다 챙겨도 내 마음은 챙긴 적 없었다

이 사람에게 상처받았다고 고립을 선택해서는 안 되는 이유다. 일단 인간관계 안에 들어가야 회복할 수 있다. 물론 완벽한 관계란 없기에, 그 속에서 우리는 때로 부정적 감정을 경험하기도 한다. 하지만 《관계의 불안은 우리를 어떻게 성장시키는가》의 저자이자, 하버드 대학교의 임상심리학자인 에드 트로닉Ed Tronick 과 소아정신과 전문의 클로디아 M. 골드Claudia M. Gold는 그러한 불안이 우리 삶에 꼭 필요하다고 말한다. 두 사람 간의 의견 불일치와 갈등을 경험하고 조율하는 과정에서 우리의 내면이 더욱 깊고 성숙해지기 때문이다. 이것은 마치 운동을 통해 근육이 자라는 과정과 비슷하다. 근력 운동을 하면 힘을 받은 근육이 미세하게 찢어지는데, 이것을 다시 수복하는 과정에서 근육이 더 크고 강해진다. 우리 마음도 이와 비슷한 과정을 통해 강해지는 것이다.

반면 인간관계에서 겪은 불안이나 갈등을 복구하지 않은 채, 계속해서 피하기만 하면 어떻게 될까? 언뜻 보면 사람을 피하는 것이 더욱 편해 보일 수도 있겠지만, 실은 그렇지 않다. 살면서 정말로 아무런 관계도 맺지 않기란 불가능하기 때문이다. 최소한의 생활을 위한 경제활동만 하더라도 결국은 누군가를 만나게 된다. 마음의 벽을 세우고 주변을 경계하는 사람은 그런 일상적인 관계에서마저 신경을 곤두세우며 에너지를 쓴다. 그러니 점점 더 위축되고 피곤해지며, 결국 또 새로운 갈등을 빚게 된다. 이것이 거듭되면 개인의 내면뿐만 아니라 사회 전체 역시 위험해진다. 고립된 사람이 갈등을 만들고, 갈등이 다시 고립된 사람을 낳는 악순환이 생기기 때문이다. 영화 속 오토처럼 고립된 사람에게 친절해야 하는 이유가 바로 이것이다.

다시 관계를 복구하는 법

다행히도, 인간은 갈등에서 생기는 불일치와 불안을 복구하는 능력을 타고났다. 이를 설명하기 위해 앞서 소개한 트로닉과 골드가 진행한 연구를 살펴보자. 둘은 1972년 하버드 의과대학에서 '무표정 실험'이라는 연구를 진행했다. 이 실험의 주인공은 11개월 된 아기들이었다. 연구진은 그 어머니들로 하여금 아이에게 90초 동안 무표정한 얼굴을 보여주라고 지시했다. 그러자 아기들은 놀라운 반응을 보였다. 자신이 먼저 방긋 웃거나 엄마에게 손을 뻗으며, 엄마에게 다시 웃음을 되찾아 주고자 노력한 것이다. 이 실험은 사회적인 훈련을 받지 않은 아기들에게도 갈등을 치유하고 관계를 복구하는 선천적인 능력이 있음을 보여주었다.

갈등 복구 과정이 가진 힘은 여기서 그치지 않는다. 이는 삐걱대는 관계를 복구할 뿐만 아니라, 사람에게 잠재된 창조성을 꽃피게 하는 계기가 되기도 한다. 소아과 의사이자 정신분석가인 도널드 위니컷D. W. Winnicott에 따르면, 양육자의 보살핌은 유아의 정서발달에 핵심적인 역할을 한다. 그렇다면 아이의 정서발달을 돕는 최고의 엄마는 어떤 엄마일까? 아이가 필요로 하는 것을 모두 알아주고, 울음을 터뜨릴 새도 없이 욕구를 충족시켜주는 엄마? 위니컷은 그렇지 않다고 말한다. 오히려 위니컷은 '충분히 좋은 엄마good enough mother'이기만 해도 좋다고 말한다. 충분히 좋은 엄마란 깊은 관심을 가지고 아이를 대하지만, 때로는 실수하고 때로는 실패하기도 하는 엄마를 뜻한다. 이때 엄마와 아이가 함께 문제를 해결하는 상호작용을 거치면서, 아이의 창조성이 자라난다는 것이 위니컷의 설명이다.

지금은 잊고 있을지도 모르겠지만, 우리 내면에는 갈등을 복구하며 창조적인 삶을 이끌어나갈 힘이 깃들어 있다. 그러니 우선 화난 나를 알아주고 안아주자. 사람들을 믿지 못하는 내 마음에 먼저 귀를 기울여 보자. 그렇게 그 깊은 마음에 가 닿을 때, 어쩌면 자신이 꼭 화가 난 것만은 아니라는 걸 알게 될 수도 있다. 나는 슬프고 외롭다는 것을 이해하게 될지도 모른다. 그 마음을 타인에게 들이밀지도 말고, 숨기지도 말고, 그저 담담히 보여주자. 외롭고 슬픈 마음은 그 어떤 마음보다 공감받기 쉽다. 그런 마음을 알아주지 않고 되레 공격하는 사람이라면? 그런 사람과는 깨끗하게 관계를 정리해도 괜찮다.

내가 먼저 나를 안아주면, 내가 얼마나 사람을 믿고 싶은지 깨닫게 된다. 한 발짝 먼저 나아가고 싶은 마음도 생긴다. '무표정 실험'에서 드러난 것처럼, 타고난 갈등 복구의 기술을 다시 찾게 되는 것이다. 사람들과 연결되고 싶은 간절한 마음을 온전히 느끼면, 그것을 위해 나에게 가장 알맞은 행동을 시도할 수 있을 것이다. 그런 당신을 나는 응원한다. 사람에게 잃었던 신뢰는 결국 사람에게서 찾을 수밖에 없으니 말이다.

남들 다 챙겨도 내 마음은 챙긴 적 없었다

✳ 나를 먼저 챙겨야
남을 챙길 여유도 생긴다

아무도 나를 좋아하지 않을 것 같아요

대학생을 위한 연애 특강을 끝마칠 때였다. 청중들에게 가장 기억에 남는 내용을 묻자, 어느 학생이 '자존감'이라고 답했다. 타인을 사랑하기 위해선 먼저 자신을 사랑해야 한다며 잠깐 언급한 개념이었는데, 그 흔한 단어가 마음에 남았다는 것이 인상적이었다. 상대만 바라보다 스스로를 존중해주지 못했던 과거의 연애가 떠올랐던 걸까? 돌아보면 나 역시 과거의 연애를 생각할 때 늘 가장 아쉬운 부분이 그것이었다. 쉽게 관계를 저버린 상대를 탓하기보다 자책하며 스스로를 비난했다. 상처받은 나에게 또 한 번 상처를 입히느라 진정 내가 원하는 관계가 무엇인지 알아갈 기회를 놓쳐버렸다. 그 결과 실연은 반복되었고 누군가를 만나도 늘 외로운 시절이 길게 지속되었던 것 같다. 이처럼 자존감은 인간관계에 직접적인 영향을 미치는 요소다. 내가 나를 좋아하지 못하면, 상대가 나를 좋아할 거라고 기대할 수 없다. 사랑한다는 고백도 진심으로 받아들일 수 없어 늘 불안하다. 그렇다면 낮은 자존감의 원인은 뭘까? 자존감은 무엇이고, 왜 낮아지는 것일까?

아이를 낳고 1년 후 직장에 복귀하게 된 지연 씨는 부부 갈등을 호소하며 상담실을 찾아왔다. 처음 만난 그녀는 1년 전에 출산을 한 엄마라고는 믿어지지 않는 외견이었다. 회사에서의 평가도 좋아 복직 후 바로 주요 부서에 배치되기도 했고, 동료들과의 관계도 좋아서 친하게 지내는 동기와 선후배들이 많았다. 남편도 가정적이라 가사를 잘 분담하는 등 겉으로 보면 남부러울 것 없는 삶이었다.

그러나 이러한 첫인상과 달리 지연 씨는 다소 저자세로 상담에 임했다. 그녀가 의기소침한 목소리로 고백한 고민거리는, 바로 남편의 반응을 살피느라 자기 주장을 못하고 불만이 쌓이는 것이었다. 사실 여기까지는 어느 부부 사이에서나 생길 수 있는 흔한 문제다. 그러나 더 큰 문제는, 지연 씨 스스로 자신의 불만이 무엇인지 정확히 표현하지 못한다는 것이었다. 순간 기분이 나빠져도 그게 어떤 감정인지 한참 지나고 나야 알 수 있었고, 그마저도 명확하지 않아서 왜 이렇게 남편에게 화가 나는지 스스로도 이해할 수가 없었다. 그러니 더 표현하기가 어렵고

　남들 다 챙겨도 내 마음은 챙긴 적 없었다

막연하게 부정적인 감정에 휩싸여 우울해지곤 했다.

지연 씨는 이러한 패턴이 결혼 전 연애에서도 늘 반복되었다고 했다. 그녀는 늘 혼자만의 아픔을 끌어안고 외로워했고, 그런 그녀의 우울을 이해할 수 없는 연인들은 결국 떠났다. 그때마다 버림받았다는 괴로움을 떨치기 위해 금세 다른 사람을 만나 연애를 시작하는 식이었다. 그러던 지연 씨가 결혼하고 아이를 키우게 되자, 더 이상 그간의 뿌리 깊은 문제에서 도망칠 수 없게 된 것이다.

엄마의 눈에 비친 나

지연 씨의 사례를 통해, 자존감에 대한 뿌리 깊은 오해를 풀어 보자. 흔히 사람들은 뛰어난 성취를 이룬 사람일수록 자존감이 높을 것으로 생각한다. 하지만 자존감은 얼마나 잘났는지와는 관련이 없다. 자존감self-esteem이란, 자신을 존중하고 사랑하는 마음이다. 자신감이 성취를 통해 얻게 되는 '나는 할 수 있다!'라는 감각이라면, 자존감은 '내가 할 수 있는 것과 할 수 없는 것을 알고 존중한다'는 의미에 가깝다. 그렇기에 자존감을 높이기 위해 무언가를 해야만 한다는 식의 강박적인 생각은 나를 더 압박하고 오히려 자존감을 깎아내리는 결과를 낳을 수도 있다.

건강한 자존감의 비결은 '나를 섬세하게 알아주는 것'이다.

내가 무엇을 좋아하고 잘하는지를 알면, 나의 가치를 더 쉽게 찾아갈 수 있다. 동시에 흥미가 없는 것, 잘 못하는 것에 대해서 나를 비난하지 않고 인정하면 괜한 힘을 빼느라 소진되는 일을 막을 수 있다. 이와 더불어 '나에 대한 긍정적인 평가'를 곁들이면, 시련 앞에서도 다시 나를 일으켜 삶에 대한 희망을 품고 한 발 한 발 나아갈 수 있게 된다. 즉, 자존감은 '자기인식'과 '자기 긍정'의 정도를 반영한다고 할 수 있다.

그렇다면 자기를 인식하고 긍정하는 힘은 어떻게 길러지는 것일까? 유아의 정서발달 연구에서 큰 족적을 남긴 정신분석가 도널드 위니컷D. W. Winnicott은, 어린 시절 경험한 '안아주는 환경holding environment'의 중요성을 강조했다. '안아주기'란 신체적 안아주기뿐만 아니라, 아기가 충분히 다양한 경험을 할 수 있도록 돌보는 '정서적 안아주기'도 포함된다. 즉, 아기는 욕구가 충족되어 웃고 즐거워하는 동안 함께 웃어주고 상황을 조율해주는 다정한 엄마의 반응에 만족하며 자신감을 얻는다. 또 욕구가 좌절될 때 울고 발버둥치던 아기는, 자신을 다독이며 안전한 울타리가 되어주는 엄마의 품 안에서 진정하며 안도한다. 감정을 부정당하지 않으면서도 적당한 수준에서 관리되는 경험을 한 아기는 관계 속에서 '나'라는 중심을 지키며 상호작용하는 방법을 터득하게 되는 것이다.

물론 세상에 이렇게 완벽하게 아이를 키우는 엄마는 없을 것이다. 그러나 위니컷은 엄마가 완벽할 필요는 없으며, '충분히 좋은 엄마'가 될 것을 강조한다. '충분히 좋은 엄마'란 때로 실수하고 그 실수를 아이와 함께 만회할 줄 아는 엄마로, 아이의 기대와 불일치하다가도 끊임없는 노력으로 관계를 복구하길 반복하는 엄마이다. 반대로 아이의 모든 욕구를 무조건 충족시켜 주는 것은 오히려 타고난 창조성을 발휘할 기회를 박탈하고 아이를 틀에 가둔다. 이럴 경우 아기는 자신이 무엇을 좋아하고 싫어하는지 발견할 수 없고 오직 환경에 맞추어 순응하는 '거짓 자기false self'가 형성된다고 위니컷은 말했다.

더불어 위니컷은 엄마가 아기의 거울이 되어주는 '반영하기' 의 과정을 설명하는데, 이는 아기에게 자기 자신을 긍정할 힘을 길러 준다. 그 과정은 이렇다. 아기는 엄마를 쳐다볼 때 엄마 얼굴에서 자기 자신을 본다. 엄마가 사랑스러운 눈빛으로 아기를 바라보고 있다면, 아기는 그런 엄마의 눈에 비친 사랑스러운 모습을 자기로 인식하게 될 것이다. 반면 엄마가 두렵고 걱정스럽게 아기를 바라보고 있거나, 혹은 엄마의 눈빛이 멍한 채 다른 곳을 향하고 있다면 어떻게 될까? 아기는 그런 모습을 바탕으로 자신을 인식하게 될 것이다. 이처럼 위니컷은, 적절한 '반영하기' 과정을 겪지 못한 아기일수록 자신을 돌아보고 긍정하는 힘이 약해진다고 보았다. 나아가 근심 어린 엄마를 마주하게 된 아기가 엄마를 통해 자기를 볼 기회를 잃고 '타인'에 대한 인식이 너무 일찍 생기게 되는 것도 문제가 된다. 즉, 자기가 어떤 사람인지 알고 발달시키기 이전에 상대부터 살피며 주변 환경이 안전한지, 사랑받을 수 있는지를 걱정하게 되는 것이다. 이처럼 초기 양육자와의 관계에서 나를 알아갈 기회가 얼마나 어떻게 주어졌는지는, 성인이 되어 스스로를 어떻게 바라보고 어떠한 마음으로 세상과 관계를 맺어 갈 것인지와 깊은 연관을 맺는다.

나를 사랑해야 남을 사랑할 수 있다

지연 씨 역시 비슷한 문제를 겪은 것으로 보였다. 그녀는 어린 시절을 떠올리며 많이 울었다. 밤마다 부모님이 싸우는 소리를 들으며 불안에 떨었다는 이야기를 듣자 안타까웠다. 지연 씨는 엄마의 우울과 아빠의 분노를 너무 어린 시절부터 감당하면서, 어쩌면 자신이 원치 않게 생긴 아이였을지도 모른다는 생각과 싸워야 했다. 두려움과 공포 속에서 스스로의 감정을 느끼고 표현하는 일은 상상조차 하기 어려웠을 것이다. 자신의 삶을 한탄하던 엄마가 그녀를 안고 있을 때, 아기인 지연 씨는 엄마에게서 무엇을 보았을까? 늘 엄마의 눈치를 살피던 버릇이 사회생활에서도 이어지고 있다는 것을 알게 되자 왜 그토록 삶이 피로하게 느껴졌는지 이해가 됐다. 어쩌면 자신의 불행한 삶을 딸을 통해 만회하고 싶었던 젊은 엄마의 얼굴이 그녀를 더욱더 완벽하게 살도록 부추겼는지도 몰랐다.

과거를 돌아보는 과정에서 지연 씨는 사소한 실수에도 죽고 싶다고 생각했던 자신의 모습을 알아차릴 수 있었다. 마치 태어난 것이 죄인 것처럼, 지금까지의 삶에서 희망을 찾지 못했던 지연 씨는 조금씩 달라지기 시작했다. 부부 갈등이 생길 때마다 '죽고 싶다'라는 생각에 빠졌던 그녀였지만, 이제는 겉으로 드러나는 극단적인 생각 안에 얼마나 다양한 감정들이 숨어있는지 찾아낼 수 있었다. 남편의 말에 무력하게 돌아서는 대신 서운함을 표현하고 이해받는 경험을 하게 되자 조금씩 힘이 생기는 것 같았다.

사람은 자신을 알아갈수록 자신을 사랑할 수 있다. 어린 시절의 경험을 되돌릴 수는 없지만 그때 필요했던 것을 지금 해줄 수는 있다. 충분히 안아주는 환경의 결핍으로 인해 진짜 내 모습이 아닌 거짓된 모습으로 세상에 맞춰 살아왔다면, 지금 그러한 환경을 만들어주고 나의 모습을 찾아주면 된다. 다행히 우리는 수많은 관계 속에서 살아간다. 이제부터라도 좋은 관계를 맺으면 얼마든지 나의 초기 관계를 복구할 수 있다. 아기였던 나는 누구와 어떤 관계를 맺을지 선택할 수 없었지만, 성인이 된 나는 선택할 수 있다.

여기서 또 하나 짚고 넘어가야 할 것이 있다. 바로 타인을 나와 다른 존재라고 인정할 수 있어야 한다는 것이다. 자존감이 낮아 사람들이 나를 좋아하지 않을까 봐 걱정할수록, 상대의 마음을 헤아리는 공감 능력은 떨어지게 된다. 나를 좋아하는지 아닌지 확인하는 것에 급급해 그 사람이 지금 어떤 감정을 느끼는지, 어떤 삶을 살아왔는지 등 호기심을 갖고 대할 수가 없는 것이다. 지나치게 배려하는 사람이 때로 관계에서 냉정하게 멀어지는 패턴을 보이는 것은 어쩌면 관계에서 상대를 있는 그대로 볼 수 있는 여유가 없기 때문인지도 모르겠다.

'나를 사랑해야 남을 사랑할 수 있다'라는 말 이면에는 이러한 의미가 깔려 있다. 자기 자신을 알고 존중하는 마음이 있어야 사랑받지 못할까 봐 불안한 마음 없이, 순수하게 관계를 바라볼 수 있다. 관계 안에는 나만 있는 것이 아니기 때문이다. 관계는 '너'와 '나'가 '우리'가 되는 상호작용이다. 이렇게 입체적인 감정을 들여다보고 표현하며 과거의 아픔을 복구하기 위해서는 우선 나를 사랑해야 한다. 나를 사랑할 수 없었던 과거가 있다면, 그때 외롭고 불안했던 어린 나를 먼저 알아주자. 방황하는 나를 외면하지 않고 바라봐 줄 때, 비로소 나를 긍정할 수 있는 기회가 생긴다.

 남들 다 챙겨도 내 마음은 챙긴 적 없었다

✦ 적당히 기댈 줄 아는 사람이
더 강하다

혼자 있는 시간이 너무 두려워요

세계적으로 인기를 끌었던 넷플릭스 시리즈 〈오징어 게임〉에서는 삶이 궁지에 몰린 456명이 모여 456억 원의 상금이 걸린 게임에 참여한다. 하지만 기대감도 잠시, 그것이 서로를 죽여야 살 수 있는 살육 게임이라는 사실을 알게 되자 참가자들은 혼란에 빠진다. 피 튀기는 현장에서 이들은 중간에 게임을 포기하고도 싶지만, 돈이 없으면 지옥 같은 현실에서 벗어나지 못한다는 사실을 떠올리며 체념하듯 다시 게임에 참여한다.

아무리 그래도 그렇지, 게임 참가자들은 어떻게 그토록 무모한 도전을 할 수 있었을까? 나는 이렇게 생각해 본다. 그들에게 정말로 필요했던 건 돈이 아니라고. 당장 통장에 찍힌 빚보다도, 그로 인해 소중했던 인간관계가 무너지고 고립되어 돌이킬 수 없는 외로움의 시간을 보내야 했던 그들이기에 삶에 대한 미련 없이 게임 참가를 선택했던 것이라고 말이다. 진심을 다해 가지 말라고 붙잡아 줄 사람이 한 명이라도 있었더라면 결과는 달랐을 것이다.

게다가 그곳은 자기와 비슷한 처지의 사람들이 모인 공간이 아닌가? 그곳에 모인 사람들끼리는 자기 사정을 부끄러워하며 감출 필요도 없고, 오히려 바깥에 있는 사람들보다 서로의 속내를 더 잘 이해할 수 있는 이들이다. 오징어 게임은 그들을 '네가 죽어야 내가 살 수 있는' 서바이벌로 몰고 간다. 그렇게 번 돈을 떳떳하게 쓸 수 있을 리가 없다. 돈만 있으면 삶의 고립도 해결될 것 같았지만, 정작 돈이 생겨도 혼자인 것은 마찬가지다. 아이러니하게 게임 안에서 어떤 이들은 관계의 소중함을 깨닫게 되고, 결국 '성기훈'은 오징어 게임에서 번 돈을 그것을 끝내기 위해 쓰게 된다. 이처럼 〈오징어 게임〉은 고립과 연결의 기쁨과 슬픔을, 우리의 아픈 현실을 더 극적으로 보여준다.

물론 성기훈만큼은 아니지만, 고립 때문에 심리적인 어려움을 겪는 사람은 주변에서 흔하게 찾아볼 수 있다. 본인은 깨닫지 못하고 있더라도 말이다. 민석 씨가 바로 그런 경우였다. 5년 차 교사인 민석 씨는 수업 중 경미한 발작을 경험하고 병원을 찾았다. 며칠 전부터 운전 중 가슴이 답답하고 손발이 제대로 움직이지 않아 차를 멈추고 쉬었다 가야 하는 상황도 몇 차례

생겼다고 했다. 그럴 때마다 마치 팔다리가 마비된 것처럼 느껴져, 혹시 뇌에 이상이 생긴 것은 아닌지 불안해졌다. 증상이 거듭될수록 꼬리에 꼬리를 물고 걷잡을 수 없이 퍼지는 공포 때문에 호흡 곤란이 왔고, 이러다 죽겠다 싶어 응급실까지 갔지만 검사 결과에는 아무 이상도 없었다. 신경외과, 정형외과, 심지어 안과까지 돌던 민석 씨는 결국 정신과에서 공황장애 진단을 받았다. 진료 결과 약물치료와 상담을 병행해 보라는 의사의 추천에 우리 상담센터를 찾아온 모양이었다.

삶에 큰 불만이 없다고 말하는 민석 씨는 자신이 상담을 받아야 한다는 사실에 의아한 표정이었다. 물론 산다는 게 만만치 않은 일이긴 하지만, 남들도 다 이 정도는 힘들어하며 사는 것 아니냐고 반문하기도 했다. 그래서일까, 그는 자신의 고충을 아무에게도 털어놓지 않는 편이었다. 특히 최근에는 학부모 민원에 대응해야 하는 상황이 생겨 도망치고 싶은 마음이 굴뚝처럼 솟아올랐지만 속으로만 삼켰다고 했다. 사기업에 취직한 친구들은 교사면 그래도 안정적인 직업이니 좋은 것 아니냐며 자기 고충을 떠들기에 바빴다. 내심 자식이 더 크고 멋진 회사에 들어가길 원했던 부모님께 힘든 기색을 내비치면 "그러게 왜 선생을 해서…"라는 질책이 돌아올 것 같아 말을 아꼈다고도 했다. 연인에게 털어놓은 적은 없냐고 묻자, 임용 후로는 연인을 사귈 생각조차 들지 않았다고 했다. 하지만 민원 대응에 관해 이야기하며 불쑥불쑥 감정적인 모습을 보이는 그를 보고 있자니, 타인에게 털어놓고 이해받고 싶은 마음이 없는 것 같지는 않았다. 그저 이해해 줄 사람이 없으리라는 생각에 참고만 있는 것 같았다.

무서운 세상에서 살아남는 방법

공황은 이렇게 관계의 고립과 깊은 연관이 있다. 그래서인지 공황 증상을 호소하는 내담자들의 이야기를 듣다 보면 외롭고 쓸쓸해질 때가 많다. 악성 민원인을 만나 누가 대신해 줄 수 없는 순간을 홀로 감당해야 할 때, 회사에서 낸 의견이 받아들여지지 않고 아무도 나를 알아주지 않는다는 생각에 초조하지만 어쩔 도리 없이 견뎌야 할 때, 불확실한 미래에 대비해도 두려움이 걷히지 않을 때, 중요한 사람과의 관계에서 번번이 자기주장을 하지 못하고 억눌러 참을 때 등….

인간은 사회적 동물이다. 타인과 소통하고 공동체를 이루려는 욕구는 마치 식욕이나 수면욕처럼 기본적인 욕구로, 적절히 채워져야 한다. 그런데 이것이 채워지지 않으면 어떻게 될까? 밥을 굶으면 배가 고프고, 잠을 자지 않으면 졸음이 온다. 그 상태가 오래 지속되면 이러다 쓰러져 죽을 것 같다는 공포까지 든다. 외로움도 똑같다. 손발이 마음대로 움직이지 않고 죽을 것 같은 공포가 찾아오는 공황 증상의 이면에는 '이렇게 계속 무리

     남들 다 챙겨도 내 마음은 챙긴 적 없었다

에서 떨어져 있다간 죽을지도 모른다'라는 감각이 자리하고 있다. 다만 소통이라는 것이 식사나 수면과 달리 원체 복잡한 정신적 활동이기도 하고, 물리적으로 가까운 거리 내에 타인이 존재하긴 하니 자신이 외롭다는 사실을 깨닫기 어려울 뿐이다.

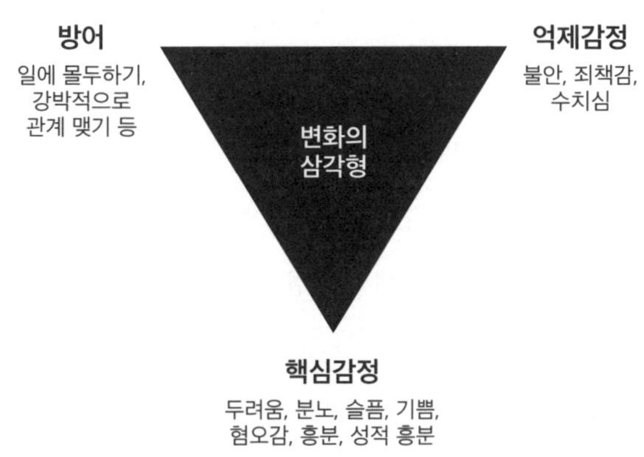

정신분석가이자 저널리스트인 힐러리 제이콥스 헨델Hilary Jacobs Hendel은 저서 《오늘 아침은 우울하지 않았습니다》에서 감정을 회피하는 것이 삶의 활력을 떨어뜨리고 우울과 불안을 불러일으킨다고 말한다. 그녀는 그 과정을 '변화의 삼각형'이라는 그림으로 설명한다. 이 삼각형의 세 꼭짓점에는 각각 핵심감정, 억제감정, 방어가 자리한다. 이 중에서 핵심감정은 우리가 생존을 위해 느끼는 근원적인 감정이다. 예컨대 두려움을 느낌으로

써 위험한 상황을 피하게 되고, 슬픔을 느낌으로써 상실을 받아들일 수 있다. 그런데 우리가 언제나 이러한 감정을 마음껏 표출할 수 있는 건 아니다. 이럴 때 사람은 감정 표출이 불가능한 상황에 적응하기 위해 심리적인 방어 행위(일에 몰두하기, 피상적인 관계 맺기, 알코올 의존 등)를 하거나, 핵심감정을 차단하기 위한 억제감정(불안, 죄책감, 수치심)을 느끼게 된다.

물론 억제감정이나 방어가 꼭 나쁜 것만은 아니다. 이것들이 있기에 우리는 공동체를 유지하며 살아갈 수 있다. 누구나 자기 감정을 숨김없이 드러낸다면 사회가 얼마나 혼란스러워지겠는가? 하지만 이것이 과해져 핵심감정을 계속해서 억누르다 보면, '누구에게도 내 취약한 모습을 드러내서는 안 된다'라고 학습되어 가슴을 짓누르고 만다.

헨델은 건강한 마음을 되찾기 위해선 자신이 변화의 삼각형 위 어느 부분에 위치하는지 확인해보라고 권한다. 내 현재 상태가 핵심감정, 억제감정, 방어 각각에 얼마나 멀고 가까운지에 따라 삼각형 위에 점을 찍어보는 것이다. 이때 만약 핵심감정으로부터 너무 멀리 떨어져 있다면, 감정을 안전하게 표현할 수 있는 공간이나 관계에서 그것을 풀어내야 한다. 그러면 억압된 감정이 해소되고 삶에도 활력을 되찾을 수 있다.

민석 씨가 가장 처음 호소한 감정은 불안이었다. 그는 수업 중 다시 발작을 일으켜 수업이 중단될까 봐, 건강에 이상이 있

 남들 다 챙겨도 내 마음은 챙긴 적 없었다

을까 봐 초조함을 느꼈다. 다행히 약물치료와 건강검진을 통해 조금씩 호전되긴 했으나, 그럼에도 불안의 찌꺼기는 완전히 가시지 않았다. 나는 민석 씨의 불안을 직접 교정하는 대신 그가 살아온 이야기에 귀를 기울이기로 했다.

그의 부모님은 누구보다 열심히 사는 분들이었다. 무엇이든 잘해야 한다는 생각에 어려운 살림에도 아이들 키우는 일을 소홀히 하지 않았다. 하지만 팍팍한 세상살이에 지친 부모님은 좌절과 불만을 자식들에게 보상받고자 했다. 격식과 예절을 중시하며 바른 생활을 강조했고, 민석 씨의 감정을 섬세히 들어주기보다는 단호한 처벌로 잘못을 바로잡고자 했다. 그 시절을 회상하는 민석 씨에게선 너무 엄한 부모님에 대한 분노와 솔직한 마음을 감추며 살아야 했던 슬픔이 터져나왔다. 그것이 그의 억눌린 핵심감정이었다.

감정은 우리 자신이 세상과 관계하는 방식이다. 그렇기에 자신의 감정을 차단하고만 살면, 결국 세상과도 단절되고 만다. 진짜 감정을 느끼지도 표현하지도 못했던 민석 씨는 사실 아주 외로운 사람이었다. 매일 밤 집에 돌아와 TV를 틀어놓고 맥주를 마시는 습관은 누군가에게 기대고 싶은 마음을 달래는 의식처럼 보였다. 그렇게 아무에게도 기댈 수 없고 화를 낼 수도 슬퍼할 수도 없다는 고립감에 두려워진 그의 마음이 공황발작으로 터져 나왔던 것이다.

혼자서도 충분히 괜찮다

분노와 슬픔을 마주하고 조금씩 표현하게 되자, 민석 씨의 표정은 그만큼 밝아졌다. 공황장애임을 고백하자 그 계기로 주변 사람들이 관심을 가져주었고, 동료들에게 고마움과 안도감 등 긍정적인 감정을 느낄 수 있었다. 그렇게 우호적인 관계가 생기면서 소속감을 느끼게 되자, 그의 삶은 조금씩 활력을 되찾는 것 같았다. 소중한 사람과 만나 함께 살고 싶다는 생각도 하게 되었다. 내 편이 생기고 내가 의지할 수 있는 누군가가 있으면 좋겠다는 소망을 품게 된 것이다. 혼자인 것이 두렵다고 인식하지도 못했던 그였지만, 이제는 그 두려움이 얼마나 컸는지를 받아들일 수 있었다.

혼자라는 느낌에 두려워지는 이유는, 알고 보면 내가 마음을 열지 않았기 때문이다. 나도 모르게 내 마음에 벽을 세우고 세상과의 연결을 차단한 탓이다. 그리고 그 이면에는 안전하지 못했던, 가랑비에 옷 젖듯 서서히 내게 영향을 끼쳤던 과거의 환경이 자리하고 있다. '세상이 무섭고 아무에게도 의지할 수 없다'라는 생각을 품고 살았던 어린 내가 있다. 표면적으로는 양육자의 극진한 사랑을 받았더라도, 이따금 무력한 나를 덮쳤던 부모의 말과 행동이 어린 나에게는 깊은 상처가 되었을 수 있다. 그런 분노와 슬픔은 직접 느끼기에 너무 아프고 부담스러워서 죄책감과 불안이라는 억제감정으로 굴절되기 마련이

　　　　　　　　　　남들 다 챙겨도 내 마음은 챙긴 적 없었다

다. 하지만 이는 미봉책에 불과하다. 억눌린 감정을 도저히 감당할 수 없는 상태가 되면 몸과 마음이 신호를 보낸다. 어쩌면 우리 몸과 마음은 너무 정직하고 영리해서, 숨겨진 문제를 알리기 위해 최선을 다하고 있는지도 모르겠다.

그럴 때일수록 솔직해지자. 내가 너무 외롭고 힘드니 도와달라고 부탁하자. 누구도 혼자서는 살 수 없다. 그래서 우리는 타인에게 도움의 손길을 청할 수도 있고, 내밀 수도 있다. 이 사실을 기억한다면 우리는 얼마든지 연결될 수 있다. 생각보다 세상은 따뜻하다. 서로에게 진심으로 공감을 주고받을 수 있는 상대는 어디에나 있다.

부정적 감정도
알고 보면 내 편이다

내 의견을 당당하게 말하기 어려워요

대학교 상담센터에서 수련을 받던 시절, 학기마다 한 번씩 재학생들을 대상으로 집단상담 프로그램을 열어 진행자로 참여해야 했다. 매 학기 가장 인기 있는 프로그램의 주제는 '발표 불안'이었다. 나 역시 남들 앞에 나서는 것이 큰 스트레스였는데, 고쳐 볼 시도조차 하지 않던 나와 달리 쭈뼛거리나마 상담실을 찾은 학생들이 매우 대견해 보였다.

이 프로그램은 우선 '발표 불안'이라고 이름 붙인 현재 상태를 관찰하는 것으로 시작한다. 발표를 할 때 자기 몸과 마음이 어떻게 반응하는지, 작은 신체 반응부터 사소한 생각까지 하나하나 적어보는 것이다. 그렇게 '발표 불안'이라는 커다랗고 추상적인 문제를 여러 조각으로 쪼개고 나면 그것만으로도 일단 마음이 가벼워질뿐더러 해결하기도 쉬워진다. 예를 들어 몸이 떨리는 것은 단상에 기댐으로써 해결할 수 있다. 또 손에 땀이 난다고 해도, 어차피 청중들은 눈치 채지 못하기 때문에 상관없다는 걸 알게 된다. 이처럼 추상적인 불안도 구체적인 신체 반응으로 나누어 보면 별것 아니다.

그보다 골치 아픈 것은 생각이다. '내 의견은 다 엉터리 같아', '나는 바보 멍청이로 보일 거야', '얼굴이 빨개지면 사람들이 비웃을 거야' 등 부정적인 자기 판단은 상황에 대한 파국적인 상상으로 이어진다. 이런 생각은 끈덕지게 들러붙으며 불안을 키운다. 이 사실을 정신과 의사들이나 심리상담사들도 잘 알고 있기에, 비합리적인 신념을 수정해서 감정을 변화시키려고 했던 과거의 흐름과 달리 현재는 머릿속에 드는 생각을 일단 수용하는 것에 더 집중한다. 굳어진 사고방식도 일종의 트라우마 반응일 수 있기 때문이다. 생각과 감정을 무조건 부정하는 대신 그저 인정해 주기만 해도 사납던 불안은 서서히 꼬리를 내린다.

감정을 수용했다면, 그 다음으로는 과거의 기억을 재검토함으로써 잘못 굳어진 생각을 바꿀 수 있다. 예를 들어 '내가 제일 못했다고 생각하는 발표는?'이란 질문을 통해 트라우마가 된 사건을 발견할 수 있고, '내가 제일 잘했다고 생각하는 발표는?'이라는 질문을 통해 잊고 있던 성공 경험을 찾아 내 안의 가능성에 힘을 실어줄 수 있다. 재밌는 사실은, 성공 경험이 한 번도 없는 사람은 한 명도 없다는 것이다. 비단 발표뿐만이 아니다. 자기 의견을 적극적으로 표현하는 게 어렵게만 보여도, 잘 찾아보면 누구나 성공적인 경험을 가지고 있다.

같은 고민으로 상담실을 찾아 온 직장인 정아 씨는 그 사실을 잊고 살던 사람이었다. 성실하고 유능해 입사 초기부터 능력을 인정받았던 그녀에겐 승진의 기회도 빨리 열렸다. 그런데 그것이 문제가 됐다. 그녀를 눈여겨본 상사가 새로운 역량 계발에 도움이 될 거라며 다른 부서에 추천을 해주었는데, 그 부서의 업무 방식은 이전과는 완전히 달랐기 때문이다. 자기 할 일에 파고들면 됐던 이전 부서와 달리, 새로운 부서에서는 자기 의견을 활발히 펼치고 많은 사람들 앞에서 발표도 해야 했다. 주어진 일을 꼼꼼하게 잘하는 것에는 자신이 있었지만, 자신의 주장을 일목요연하게 어필하고 동료와 갑론을박 토론을 벌여야 한다니 생각만 해도 식은땀이 났다. 출근해서 컴퓨터 앞에 앉으면 눈앞이 캄캄해지고 머릿속이 하얘지면서, 세상에서 제일 무능한 사람이 된 것 같은 기분에 휩싸이곤 했다. 이전 부장님과 현재 부서 사람들을 실망시키고 말 것 같아 불안해졌고 어떻게든 이 상황에서 벗어나고 싶다는 생각에 일이 손에 잡히지 않았다. 이렇게는 도저히 회사에 다니기가 어렵겠다는 생각에 상담실을 찾은 그녀의 눈에선 금방이라도 눈물이 터질 것 같았다.

나의 온 마음이 나를 위해 기능하도록

그런 정아 씨에게 가장 먼저 필요한 것은 마구 뒤엉켜 추상적으로 보이는 생각 덩어리를 하나하나 나누어 주는 것이었다. 우리 마음속에는 수많은 목소리가 있다. 심리학자 리처드 슈워츠Richard C. Schwartz는 이러한 생각을 '내면 가족 체계Internal Family Systems, IFS'라는 모델로 발전시켰다. 그는 한 인간의 정신세계가 여러 부분, 혹은 작은 인격체들로 나뉘어 있다고 본다. 마치 영화 〈인사이드 아웃〉의 캐릭터들처럼 말이다. 물론 다른 심리치료 이론 또한 이러한 아이디어를 공유하지만, 내면 가족 체계는 이러한 개념을 더 명료하게 이름 붙이고 그들 각각의 정체성을 인정하며 존중하기에, '알아주면 잦아든다'라는 치료 방식을 가장 적극적으로 활용하는 과정이기도 하다.

상담사들은 우선 '보호자들'이라고 불리는 부분에 초점을 맞춘다. '보호자들'은 과거 상처받은 경험을 기억하고 그러한 고통을 다시는 느끼지 않도록 애쓰는 마음을 일컫는다. 이는 감정을 차단하고 회피하는 작용을 할 수도 있고, 때로는 불안감을 느끼게 해 우리가 미래에 대비하게 만들기도 한다. 한마디로 다시는 위험이 반복되지 않게 막는 부분이다.

정아 씨를 괴롭혔던 불안 증세는 사실 그런 '보호자들'의 작용이었다. 어려서부터 '말 잘 듣는 맏딸'로 자란 정아 씨에겐 어릴 때부터 주어진 역할을 잘 해내는 것이 중요했다. 어머니는 늘 집안일로 바빠 예민한 상태였고, 아버지는 가정을 돌보기보다 자기 안위를 챙기는 데 바쁜 사람이었다. 그로 인한 부부 싸움이 잦아지자 정아 씨는 '이 지긋지긋한 곳에서 벗어나고 싶다'라는 생각에 사로잡혔다. 한편으로는 부모님을 화해시키고 싶다는 생각도 했다. 실제로 정아 씨의 성적이나 품행에 따라 집안 분위기가 좋아지는 날도 있었다. 또 한편으로는 부모님께 소리를 지르고 대들고 싶은 마음도 있었다. 사춘기 때 화를 내는 아버지에게 대들었다가 뺨을 맞은 이후로는 꾹꾹 눌러 담기만 한 생각이었지만 말이다.

이런 과정을 통해 정아 씨의 마음속에는 다양한 목소리가 자라났다. 도망치고 싶다는 마음, 착한 딸이 되고 싶은 마음, 능력을 인정받고 싶은 마음, 화내고 싶은 마음…. 그런 마음 모두가 정아 씨를 지키기 위해 생긴 '보호자들'이었다. 비록 이들이 얽히고설켜 서로 충돌하느라 정아 씨를 더욱 괴롭게 만들긴 했지만 말이다.

그런 혼란스러움 때문일까, 정아 씨는 분노나 죄책감을 느끼긴커녕 감정을 느끼는 것 자체를 차단한 것처럼 보였다. 이렇게 감정을 멈추는 것을 더 편하게 느끼는 사람도 있다. 자신을 비난하는 데 익숙해 감정을 적극적으로 표현하기 어려워하는 것이다. 하지만 정아 씨에겐 그런 여러 가지 마음을 모두 인식하고 긍정하는 과정이 필요했다. 심지어는 분노를 억눌러 그녀

     남들 다 챙겨도 내 마음은 챙긴 적 없었다

의 마음을 곪게 했던 죄책감까지도 말이다. 이처럼 그 어떤 마음도 외면하거나 탓하거나 비난하지 않고, 있는 그대로 존중하고 연민하는 것이 내면 가족 체계 치료법의 강점이다.

결국 정아 씨는 현재의 불안감이 과거의 상처로부터 자신을 지키기 위해 생겨난 '보호자'였음을 알게 되었다. 자기 주장을 펼치지 못하고 타인의 평가를 두려워하는 마음은, 어린 시절 느낀 좌절감과 수치심이 너무 아파서 비슷한 상황을 피하려는 경보 시스템이었던 셈이다. 그런 마음을 마주한 정아 씨는 비로소 업무에 집중할 수 있었다. 집중력을 발휘하자 두렵게만 느껴진 발표와 토론도 별것 아니었다.

나를 표현하고 지지받는 경험은 어른도 성장시킨다

내 노력을 누군가 알아주고 지지해줄 때, 마음은 비로소 성장할 힘을 얻는다. 집단상담도 그렇고 내면 가족 체계 치료법도 그렇다. '나만 그런 게 아니구나', '내 안에 이런 감정이 있었구나', '나도 노력하고 있었구나'라는 생각을 비슷한 고민을 가진 다른 사람들에게 공유하고 지지받을 때, 나아가 나 자신이 그것을 인정해 줄 때, 마음이라는 씨앗을 감싸던 단단한 껍질에 균열이 생긴다. 겉으로는 별 차이 없어 보여도 커다란 변화다. 그 사이로 '참된 나'의 뿌리가 뻗어 나올 것이기 때문이다.

어린 시절에 상처가 없는 사람은 없다. 그로 인해 웅크린 마음들이 나이를 먹어도 매 순간 영향을 준다. 하지만 마음에는 정해진 성장기가 없다. 상처 입은 순간에 멈춰 버린 어린 마음도, 어른이 되어 지지와 격려를 받다 보면 또다시 쑥쑥 자란다. 그러니 좌절이란 곧 성장의 기회다. 그렇게 생각하면 실패도 꼭 나쁜 것만은 아니다. 하지만 기억하자. 우리 안에는 이미 많은 자원이 있다. 그리고 그들은 당신이 제 존재를 알아주기만을 기다리고 있다.

✦ 완벽하려 애쓰면
아무것도 하지 못한다

완벽하지 못할까 봐 시작조차 못 하겠어요

상담실을 찾은 현석 씨는 올해가 마지막 기회라며 초조해했다. 논문을 제출하지 못하면 계속 박사수료생으로 남아야 할 처지였기 때문이다. 지인들은 졸업논문을 완성하는 일이 얼마나 어려운 것인지 공감하며 도움을 주려고 했지만, 정작 현석 씨는 수년간 거의 진도를 나가지 못한 채 이러지도 저러지도 못하고 있는 자신을 다른 사람들이 한심하게 여기진 않을까 울적해했다. 사실 그것은 현석 씨가 자신을 바라보는 시선이기도 했다. 밤마다 '나는 왜 이렇게 한심할까'라는 자책이 뭉게뭉게 피어올라 끊이지 않았다.

그런 현석 씨에게 나는 그간 이룬 것들을 돌아보자고 권했다. 어쨌거나 현석 씨는 박사 과정도 열심히 밟았고, 연구실에서 평판도 좋은 편이었다. 졸업논문이야 누구나 힘들어하는 것이니, 자신에게 조금 너그러워져도 되지 않을까? 그렇게 말하자 현석 씨는 작은 목소리로 이렇게 말했다.

"석사 때까지는 쉬웠어요. 조금만 노력해도 남들보다 훨씬 더 잘했거든요. 석사 과정에서 헤매는 친구들을 속으로 비웃기도 했어요. 그래서 박사 과정도 비슷할 줄 알았어요. 지금까지 막힘없이 잘해왔으니까, '노력하면 금방 하지'라고 생각했는데…. 나름대로 노력을 해 봤는데 잘 안되더라고요. 지금은 다른 것보다도 '내가 겨우 이 정도였나'라는 생각 때문에 아무것도 하기가 싫어져요."

공상은 에너지를 빼앗고, 상상은 에너지를 만든다

현석 씨를 괴롭힌 범인은 박사 논문이 아니었다. 바로 완벽주의였다. 이러한 경우를 주변에서 쉽게 찾아볼 수 있다. 초등학교 때까지 우등생이었던 아이가 중고등학교에 진학해 수업 내용이 어려워지니 성적이 떨어지는 경우가 있다. 이럴 때 스스로가 자랑스럽게 생각했던 '우등생'이라는 타이틀이 사라지니 의욕까지 함께 잃기도 한다. 이는 사실 공부가 싫어진 것이라기보단 자기 내면의 '이상적인 나'와 어긋나면서 동기를 잃어버린 쪽에 가깝다. 이처럼 자신이 잘하고 중요하게 생각하는 일일수록 완벽주의의 환상에 빠질 가능성이 높다.

그런데 완벽주의적 사고의 아이러니한 점은, 그렇게나 잘하고 중요하게 생각하는 일을 시도조차 못 하는 무기력에 빠지게 된다는 것이다. 일단 손만 대면 잘할 수 있으리라고 생각하면서도, 정작 발등에 불이 떨어지기 직전까지 미루고 또 미룬다. 이처럼 완벽주의와 미루기 습관은 짝꿍처럼 서로 연결되어 있다. 성과 그 자체보다, 그로 인해 자신이 어떻게 보일지에 대한 강박적인 생각이 쉽사리 시도를 하지 못하게 만드는 것이다. 이는 결국 우울과 불안 같은 정서 문제로까지 나아간다.

이런 문제를 겪는 사람에게 '기대를 낮추고 일단 시작해라' 같은 실용적인 조언은 전혀 도움이 되지 않는다. 그걸 몰라서 못 하는 것이 아니기 때문이다. 이를 고치기 위해선 조금 더 깊은 내면적 문제를 들여다보아야 한다.

도널드 위니컷이 어린아이들을 관찰하며 깨달은 '상상'과 '공상'의 차이점은 이에 관한 힌트를 던진다. 유아들은 환상과 현실을 잘 구분하지 못한다. 닳고 닳은 곰 인형에 집착하거나 항상 덮는 담요를 입으로 쭉쭉 빠는 것 또한 그런 혼동의 일종이다. 곰 인형을 엄마가 없을 때 나와 교류하는 친구로, 부드러운 담요를 엄마의 품으로 인식하는 것이다.

어떤 부모들은 아이가 늦은 나이까지 인형이나 담요에 집착하는 것을 불안해한다. 아이가 끝내 현실에 적응하지 못할까 봐 걱정하기 때문이다. 하지만 위니컷은 유아에게 이러한 '환상의 영역'을 허용하는 것이 중요하다고 말한다. 환상의 영역에서 충분히 시간을 보내고 나면 관심이 현실로 자연스럽게 이동하기 마련이며, 그러고 나서 현실과 타협하는 과정을 서서히 밟아 나가면 된다는 것이다. 이 과정에서 유아는 스스로 생각하며 자신을 둘러싼 현실 속 사물에 의미를 부여하고 거두는 능력을 기른다. 위니컷은 이것을 '상상'의 힘이라고 말했는데, 이는 성인이 되어서도 삶을 창조적으로 인식하고 해석하는 힘의 근간이 된다.

반대로 아이에게 '그건 그냥 인형일 뿐이야!'라며 강제로 현실을 일깨워서는 안 된다. 이 경우 유아는 스스로 의미를 부여하는 '상상'의 힘을 기르지 못하고 수동적으로 끌려가게 된다. 이 과정에서 유아는 공허한 마음을 달래기 위해 '공상'에 매달리게 되는데, 이는 성인이 되어서도 현실과 동떨어진 대상에 집착하게 해 충실한 삶을 살지 못하게 만든다.

완벽주의란 어쩌면 그러한 '공상'의 일종일지도 모른다. 현실에 발을 붙인 채 자신의 성과에 나름의 의미를 부여하는 '상상'이 아니라, 현실과 동떨어진 채 '완벽한 나'라는 헛된 이상에 집착하는 '공상' 말이다. 이것이 가짜라는 사실을 누구보다 자신이 먼저 깨달아야 하지만, 이 달콤한 환상으로부터 벗어나기를 힘들어하는 사람들이 많다. 특히 '서툰 나'를 직면하는 것이 무서운 기억으로 남았다면 더욱 그렇다.

　　　　　　　　남들 다 챙겨도 내 마음은 챙긴 적 없었다

현석 씨가 딱 그런 경우였다. 현석 씨는 어려서부터 동네에 소문이 날 정도로 영특한 아이였는데, 그런 자식을 눈여겨본 부모님은 현석 씨를 수많은 학원에 보냈다. 현석 씨는 방과 후가 되자마자 제대로 쉬지도 못하고 학원 버스에 올라타야 했다. 어린 현석 씨는 나름대로 힘들다는 티를 내 보았지만, 부모님은 "학원에 다니고 싶어도 못 다니는 아이들도 있는데, 너는 행복한 줄 알아야지"라며 들어주지 않았다. 결국 현석 씨는 '부모님 말을 잘 듣고 우수한 아이'라는 이상향에 자신을 맞추며, 고충으로부터 도피하기 시작했던 것이다.

그런 생각은 아직까지도 현석 씨의 정신 깊이 박혀 있었다. 우선 어떻게든 졸업논문을 통과시켜야 원하는 연구소에 취업할 수 있다는 것을 알았지만, 그렇다고 눈을 낮춰야겠다는 생각은 들지 않는다고 했다. 애초에 그에겐 '조금 못해도 괜찮다, 앞으로 더 잘하면 된다'라는 선택지가 없어 보였다.

현석 씨에겐 '한 번쯤 실패해 보는 경험'이 필요했다. 워낙 다재다능한 그였기에 쉬운 일은 아니었지만, 다양한 일에 도전하며 조금씩 실패를 맛보다 보니 '완벽한 나'라는 허상을 조금씩 놓을 수 있었다. '공상'이라는 렌즈 없이 자신의 능력과 처지를 있는 그대로 받아들이는 일은 고통스럽기 그지없었지만, 조금씩 삶의 유연성을 터득해가는 그를 보니 희망이 보이는 것 같았다.

완벽주의의 덫에서 벗어나려면

그렇게 조금씩 나아지는 현석 씨를 보며, 성인이 되어 피아노를 배우기 시작했을 때의 경험이 떠올랐다. 음악은 좋아하지만 악기를 다뤄 본 적은 많지 않아 긴장했는데, 괜한 걱정이었다. 맞든 틀리든 건반을 두드리면 소리가 난다는 사실이 재밌었기 때문이다. 그러다 보니 악보를 보는 일도 즐거웠고, 리듬을 잘 탄다며 칭찬을 받는 것도 신이 났다.

물론 점점 더 어려운 악보를 받으며 헤매는 시간도 늘어났고, 내가 좋아하는 조성진 피아니스트의 연주 영상과 비교해 보니 엉망이나 다름없는 연주 실력에 충격을 받기도 했다. 하지만 애초에 기대가 크지 않았던지라 회복도 빨랐다. 잃을 것이 없으면 두려운 것도 없는 걸까? 오히려 연습한 만큼 정직하게 늘어나는 피아노 실력이, 지친 하루의 위로가 되는 것 같았다.

만약 내가 처음부터 조성진 피아니스트만큼의 연주력을 바랐다면 어떻게 됐을까? 처음 몇 번의 레슨을 받은 뒤 피아노를 포기하게 됐을지도 모른다. 이처럼 완벽주의는 오히려 포기를 불러오기도 한다. 우등생이 되지 못할 바엔 공부를 포기하는 사람도 있고, 이상형과 사귀지 못할 바엔 연애를 포기하는 사람도 있다. 심하게는 자신이 원하는 삶을 살지 못해 삶을 포기하려는 사람도 있다.

이런 완벽주의의 덫에서 벗어나고 싶다면 내가 진짜로 두려

   남들 다 챙겨도 내 마음은 챙긴 적 없었다

워하는 것이 무엇인지 알아야 한다. 내가 원하는 것이 무엇인지, 내가 그것을 왜 원하게 되었는지 묻다 보면 내가 의존하던 '공상'이 무엇인지, 이를 통해 도피하고 싶었던 것이 무엇인지 알게 된다. 무기력 속에 나를 가두지 말고, 나 자신의 끈질긴 양육자가 되어 호기심을 가지고 스스로에게 질문을 던져 보자. 결국 내가 나의 감정과 욕구를 잘 알아주어야, 삶을 주도적으로 살아갈 힘을 얻게 된다.

모든 게 엉망진창인 기분이에요

처음 상담실을 찾아온 사람에게 건네는 질문은 두 가지
다. 첫 번째는 '무슨 문제가 얼마나 지속되었나요?'이고, 두 번
째는 '왜 지금 오셨나요?'이다. 왜 이렇게 늦게 왔냐고 타박하
기 위해서가 아니다. 마음의 고통은 눈에 보이는 증상으로 드
러나지 않는 경우가 많다 보니 자신에게 문제가 있는지도 모
른 채 살게 되는 경우가 많다. 다시 말해, 상담실을 찾아올 생각
이 들었다는 것은 분명 무언가 계기가 있었다는 뜻이다. 그 계
기가 무엇이냐고 묻는 것이다. 이는 내담자가 문제를 어떻게 바
라보는지, 또 어떻게 변화하고 싶은지를 알려주는 중요한 단서
가 된다.

미선 씨에게도 같은 질문을 건넸다. 그녀는 자녀 문제로 소

아청소년정신과에 갔다가 상담실을 찾게 된 내담자였다. 처음엔 자녀에 관한 상담인 줄 알았는데, 알고 보니 아니었다. 오히려 병원 검사 결과 아이에겐 큰 문제가 없었다고 했다. 미선 씨가 상담실을 찾은 이유는 바로 본인 때문이었다. 병원 대기실에서 우연히 집어 든 책이 성인 ADHD에 관한 책이었는데, 그 책에 나온 사례들이 자신이 겪는 문제와 똑같았다는 것이다. 그래서 관련 검사를 받아보았더니, ADHD라는 진단을 받았다고 했다.

다행히 미선 씨는 일상에서 큰 문제를 빚는 편은 아니었다. 다정한 성격의 남편과 협력하며 아이들도 잘 키우고 있었고, 자녀들과도 큰 갈등 없이 잘 지내고 있었다. 하지만 겉으로만 그럴 뿐, 속으로는 무언가 어긋나 있는 것을 아슬아슬하게 겨우 유지하는 듯한 막연한 불안감을 느꼈다고 했다. 그러던 차에 그런 책을 읽게 되니, 그간 속으로 삼키기만 했던 힘들고 불편했던 기억들이 떠올라 맥이 풀려 버렸던 것이다.

진단이 필요한 이유

물론 상담실은 객관적인 의학적 진단을 내리는 기관은 아니다. 그것은 병원 등 의료기관의 소관이다. 반면 상담은 면담과 심리검사 등을 통해 내담자가 자신의 상태를 주관적으로 평가해 볼 기회를 제공한다. 객관적 진단과 주관적 평가, 이 둘은 언뜻 대립하는 것처럼 보이지만 상호보완적인 관계다. 제3자의 입장에서 사람의 몸과 마음 상태를 살펴보고 어떤 이상이 있는지 '결론'을 내리는 게 의학적 진단이라면, 주관적 평가는 내가 왜 그런 이상을 겪게 되었는지 돌아보고 그로 인해 현재 내 마음이 어떠한지 점검하는 '과정'이라고 볼 수 있다.

진단이든 평가든, 결국 목적은 일상에서 겪는 불편을 해소하고 생활에 적응할 수 있도록 돕는 것이다. 그런데 '불편감'이라는 건 주관적인 문제다. 똑같이 눈이 나빠 안경을 쓰더라도 어떤 사람은 거추장스러워하지만 어떤 사람은 그렇지 않은 것처럼 말이다. 그렇기에 본질적으로 문제를 해결하는 것은 자기 마음을 돌아보고 알아가는 과정 그 자체다. 상담 과정에서 진단만으로는 알 수 없는 세부적인 기억과 감정을 돌이켜 보는 것이 바로 이 때문이다.

하지만 진단을 통해 얻는 것도 분명히 있다. 막연한 불편감에 시달리며 이 증상에서 저 증상으로, 이 문제에서 저 문제로 옮겨 다니는 악순환을 끊어 주기 때문이다. 심리적 문제 중에는 스스로 통제하고 조절할 수 있는 것도 있지만, 불가능한 것도 있다. 의학적 진단은 이를 구분하고 수용할 수 있도록 돕는다. 또한 통제할 수 없는 문제를 어떻게 관리할지 계획을 세우면서 점진적으로 나아질 수 있다는 희망을 주기도 한다.

미선 씨의 경우도 그랬다. 주의력결핍 과잉행동장애, 즉

                    남들 다 챙겨도 내 마음은 챙긴 적 없었다

ADHDAttention Deficit Hyperactivity Disorder는 흔히 유전을 통해 생기는 신경학적 문제로, 주의 집중 능력을 조절하는 뇌 속 신경전달물질의 불균형으로 인해 발생한다. 다시 말해 ADHD는 원인을 안다고 해서 스스로 통제할 수 있는 문제가 아니며, 꾸준한 치료와 관리를 요하는 장애의 일종이다.

오랫동안 ADHD는 아동에만 발생하는 것으로 여겨왔는데, 미국 정신의학회가 출판한 정신장애 진단 매뉴얼DSM-5에 성인 ADHD가 새롭게 포함되면서 어른 중에서도 자신을 ADHD로 의심하거나 그로 인한 어려움을 호소하는 사람들이 많아졌다. 이러한 성인 ADHD를 진단할 때는 어린 시절 관련 증상이 존재했는지를 중요하게 따진다. 생각이나 움직임, 태도를 조절하지 못하는 등 주의력을 집중하지 못하거나 충동적으로 크고 부산한 행동을 하는 것 등이 아동 ADHD의 대표적인 증상이다. 성인이 된 후에는 충동성은 줄어들었으나 주의력 부족은 지속되어, 겉으로는 산만해 보이지 않더라도 일상이나 업무에서 어려움을 겪게 되는 경우가 많다. 그로 인해 우울증, 불안 장애, 약물 중독, 대인 관계 문제 등 다른 정신과적 문제를 동반하는 경우도 많다.

물론 ADHD인지 아닌지 판단하기 위해서는 자체적인 의심보다는 면담과 설문을 포함해 체계적이고 전문적인 진단 과정을 거쳐야 한다. 통계적으로 50%~70%의 환자가 약물 치료로 호전된다고는 하나, 장애의 일종이기에 그것만으로 완치를 기대할 수는 없다. 그보다는 꾸준한 관리와 상담을 통해 자신을 이해하고, ADHD와 함께라도 충분히 잘 살아갈 수 있음을 알며 삶에 대한 자신감을 회복하는 것이 치료의 목표다.

미선 씨의 경우, 상담을 통해 자신이 그간 느꼈던 '어긋난 느낌'을 토로하는 과정에서 큰 진전을 보였다. 어린 시절부터 지금까지 남들에게 말할 수 없었던 감정, 그로 인해 곤란했던 상황, 자기 자신에게 실망해 자책했던 일을 털어놓으며 스스로의 감정에 더 솔직해진 것이다.

미선 씨는 어려서부터 준비물을 빼먹는 등 실수가 잦아서 혼나는 일이 많았다고 했다. 집에서도 방 정리를 제대로 하지 못해 주변이 어지럽고 소란했고, 충동적으로 결정했다가 후회하고 자책하면서 괴로워하는 일도 예사였다. 미선 씨는 뒤늦게나마 그때의 자신에게 도움이 필요했다는 사실을 깨달았다. 그러자 처음 정신과를 찾았던 자녀 문제의 진짜 원인도 보이는 듯했다. 집중력 결핍으로 인한 학업의 어려움과 충동적인 결정으로 인한 후회 등 자신이 겪었던 어려움을 자녀는 겪게 하지 않겠다는 마음이, 그만 아이에 대한 지나친 간섭으로 나타나 버렸던 것이다.

그런 미선 씨에게 나는 '감정에 이름 붙이기'를 권했다. 과거에 느꼈던, 혹은 현재 느끼는 감정을 구체화하며 그것이 불안인

     남들 다 챙겨도 내 마음은 챙긴 적 없었다

지, 분노인지, 혹은 다른 감정인지 이름표를 붙이며 말로 표현해 보도록 말이다. 그럴수록 미선 씨는 혼란스러웠던 마음을 차츰 정리할 수 있었다. 스스로 감정을 관리하고 삶을 책임질 수 있음을 느끼자 그녀의 자신감도 쑥쑥 자랐다. 주변 모든 일에 신경을 쏟지 않고 꼭 필요한 곳에 에너지를 집중하는 방식도 배울 수 있었다.

위기는 기회

상담을 신청하며 '내게 문제가 있나?' 혹은 '나는 왜 문제를 혼자 해결 못하지?'라는 생각으로 수치심을 느끼는 사람들이 있다. 그런 사람들은 상담실에 온 것을 격려하는 상담사의 말에도 '지금 나를 놀리나?' 같은 생각이 들 수도 있다. 하지만 이는 단순히 기분을 좋게 하려고 건네는 말이 아니다. 자신에게 문제가 있음을 인식하고 대면하겠다는 의지야말로 정말 대단한 것이다. 끝까지 자신에겐 문제가 없다고 고집을 부리는 사람도 있으니 말이다. 상담은 두 사람이 호흡을 맞추는 과정이기에 상담사의 역량만큼이나 내담자의 역량도 중요하다. 만약 상담을 통해 삶에 긍정적인 변화를 얻었다면, 그것은 그만큼 당신 마음의 그릇이 크고 넓었다는 의미이기도 하다.

마음의 상처는 괴롭고 아프지만, 그것을 겪어내고 나면 더욱 깊어진 삶의 지혜를 얻을 수 있다. 이를 위해서는 자신의 마음을 종종 들여다보면서, 문제를 피하지 않고 대면하려는 마음 가짐이 무엇보다도 필요하다. 문제를 고치는 능력보다도 더 필요한 것은 무엇이 문제인지 아는 것이다. 내겐 문제가 없다는 달콤한 최면에 자신을 가두지 말고, 불편한 점이 있으면 있다고 당당하게 말하자. 그 과정의 끝에서 얻게 되는 삶의 지혜는 그 무엇과도 바꿀 수 없는 소중한 자산이니 말이다.

자신을 용서할 줄 알아야
삶이 편해진다

남보다 부족하게 느껴져요

오랜만에 동창 모임에 나갔던 우석 씨는 일주일 넘게 이유 모를 울적함에 시달렸다. 워낙 오래된 친구들이라 어색한 것도 아니었고, 그렇다고 불쾌한 일이 있었던 것도 아니었다. 혹시 주목받지 못해서였을까? 아니, 애초에 곧 결혼할 친구를 축하하기 위한 모임이었던 만큼 그런 이유로 서운해할 자리는 아니었다.

차근차근 돌이켜 보니, 울적함이 고개를 들기 시작한 순간은 서로 근황을 나누기 시작할 때부터였다. 오랜만에 만나니 다들 놀랄 만큼 달라져 있었다. 한 친구는 뒤늦게 로스쿨에 진학해 신출내기 변호사가 되어 있었고, 워낙 공부를 잘해 의대에 진학했던 친구는 한창 환자들을 상대하느라 바쁘다고 했다. 함께 놀던 친구들이 모두 멋진 어른이 되어 잘나가고 있었는데, 혼자만 내세울 것 없으니 꿔다 놓은 보릿자루가 된 것 같은 기분이었다.

가라앉은 기분을 해소하고자 상담실을 찾았지만, 우석 씨는 그날의 기억을 떠올리는 것조차 힘겨워했다. 처음엔 대수롭지 않게 이야기를 시작했으나, 구체적인 장면을 떠올리며 그날의 감정이 되살아나자 말을 돌리며 회피하기 시작했다. 그렇지만 전문직에 성격 좋고 외모도 훤칠한 친구들과 달리 평범한 회사원인 자신이 수치스럽게만 느껴졌다.

물론 회사원이라고 해서 전문직 종사자보다 무가치하다고 할 수 없고, 외향적인 성격이 더 좋다고 말할 수도 없다. 쉽게 말해 부와 명예가 행복을 보장하는 것은 아니다. 하지만 당사자에게 이렇게 말한다고 해서 곧바로 생각이 바뀌는 건 아니다. 우석 씨에겐 그가 현재 말하기를 꺼리는 마음은 무엇인지, 부끄러움은 어디에서 비롯되는 것인지, 자라온 배경에서 주입된 그 기준이 과연 옳은지 등 하나하나 그의 관점에서 탐색할 필요가 있었다.

수치심 거미줄에 걸리는 순간

통계를 내본 적은 없지만, 상담실에서 가장 쉽게 언급되는 감정은 '불안'인 것 같고 가장 말하기 어려워하는 감정은 대

 남들 다 챙겨도 내 마음은 챙긴 적 없었다

개 '수치심'인 것 같다. 어쩌면 수치심은, 그것을 느낀다는 것 자체도 부끄러워 입에 담기 힘든 것일지도 모른다.

상담은 상담자와 내담자가 언어적 상호작용을 통해 변화를 유도하는 심리치료 과정이니만큼, 말하지 않은 것까지 고칠 수는 없다. 이럴 때는 억지로 말하라고 밀어붙이는 대신 말문이 막힌 이유를 이해하는 것이 중요하다. 때로는 말에 담긴 내용보다 그 순간의 감정이나 생각이 더 중요한 것을 말해 주기 때문이다. 수치심이라는 감정은 흔히 이렇게 발견된다. 인간관계나 업무에서 겪는 불안을 이야기하다 보면 그 끝에는 '나는 보잘것 없는 사람이다' 같은 부정적 자기인식과 수치심이 원인이었던 경우도 많다.

수치심을 낳는 원인은 다양하다. 사회생활을 시작하며 외부 요인으로 인해 자신을 부족한 존재로 인식하는 사람도 있지만, 더 근원적인 심리적 이유로 자기혐오를 느끼는 사람도 있다. 전자는 주변의 응원이나 의식적인 자기 위안으로 극복되기도 하지만, 후자로 인한 수치심은 쉽게 사라지지 않는다.

20년 가까이 수치심에 관해 연구해 온 심리전문가, 브레네 브라운Brene Brown은 《수치심 권하는 사회》에서 수치심의 원인이 되는 사회의 온갖 기대들을 '수치심 거미줄'로 표현했다. 인종, 계급, 성적 지향, 나이, 종교 등의 특성을 바탕으로 한 '이상적 기준'은 다양한 방법으로 집단에 스며들어 개인을 평가하는 틀이 된다. '이런 사람이 되어야 한다', '이런 것을 해야 한다', '이렇게 해야 한다'라고 말하며 거미줄처럼 얽히고설킨 사회적 요구와 기대로 인해 개인은 두려움, 비난, 단절감을 경험한다. 특히나 한 사람이 여러 가지 역할을 맡게 되는 현대 사회에서는, 개개인에게 부과되는 기대와 요구가 매우 복잡하게 뒤엉켜 있다. 마치 그물처럼 파고드는 수치심을 빠져나갈 수 있는 사람은 드물다.

예컨대 '여자라면 예쁘고 날씬해야 한다'는 외모에 대한 기대와 '엄마로서 희생해야 한다'는 역할에 대한 기대가 뒤엉켜 거미줄을 형성하고 이렇게 수치심을 부추기는 기대에 갇힌 여성들은 자유로울 수 없다. 남성성을 바탕으로 남성에게 수치심을 부추기는 기대도 마찬가지다. 이러한 수치심 거미줄에 걸린 사람은 사회적 기준이나 타인의 기대와 어긋날까 봐 두려워하며, 기대에 못 미칠 때 단절감을 느껴 위축된다. 위축된 채로 당당할 수 없는 개인은 외로움, 슬픔 등의 감정을 억압하고, 자유롭게 표현되지 못한 감정은 때로 분노나 무기력으로 굴절되어 다른 부분에서 문제를 일으키기도 한다.

우석 씨 또한 수치심 거미줄에 걸려 있었다. 친구들과 비교하며 초라해지는 자신을 인정하기 어려워했고, 부끄러워하는 모습을 남에게 보인다는 것조차 부끄러웠다. 어린 시절부터 불안을 자주 느껴 타인의 시선에 예민해지고 부정적인 생각을 주변에 털어놓곤 했지만, 사람들은 그에 공감해 주는 대신 '불만이 많다'

　　　　　　　　　　　남들 다 챙겨도 내 마음은 챙긴 적 없었다

고 지적하곤 했다. 스스로 이해하고 수용하기도 전에 '나쁜 것'으로 명명된 마음은 계속해서 내 안에 쌓이고, 그 마음을 품고 있는 스스로를 나쁜 사람, 이상한 사람으로 인식하며 수치심 거미줄에 얽매였던 것이다.

수치심을 끌어안는다

그렇다면 수치심은 어떻게 극복될 수 있을까? '수치심'을 주제로 열린 어느 국제 학술대회에서 '수치심을 끌어안는다'는 표현을 인상 깊게 들었던 기억이 난다. 당시 초청된 분은 미국에서 활동하는 심리학 박사이자 상담사였다. 이론 강의 후 상담 시연에서, 미리 자원한 내담자가 무대 위에 올라와 상담자 앞에 앉았다. 300명에 달하는 청중들 앞에서 자신의 치부를 드러내야한다는 것 자체가 부끄러웠을 내담자를 바라보며 내가 다 떨리는 듯했다.

그런 나의 초조함은 시연 내내 따뜻한 시선을 보내고 있는 상담자의 태도를 바라보며 잦아들었다. 내담자로 나온 분의 목소리도 점점 안정을 찾아가고 있었고 그 안에서 울고 웃는 과정이 자연스럽고 감동적이었다. '접촉하지 않고도 안아줄 수 있다'는 것이 무엇인지를, 간접경험을 통해 깨달을 수 있었다. 그리고 나 또한 스스로에 대한 부적절감으로 괴롭지만, 그 괴로움에 압도되어 얼어붙고 피하고 싶은 마음을 마주할 용기를 얻었다. 나아가 그 마음을 상담자가 어떻게 알아주고 도와야 할 것인지에 대한 답을 얻을 수 있었다.

이와 비슷한 맥락에서, 《수치 어린 눈》의 저자 메리 에이어스Mary Ayers는 유아가 최초로 교류하는 대상을 엄마의 눈이라고 주장한다. 유아는 아직 엄마(양육자)의 전체를 인식할 수 없기에 엄마의 각 부분들과 상호작용한다. 이때 많은 분석가가 유아의 최초 교류 대상을 엄마의 가슴이라고 보는데, 메리 에이어스는 이와 달리 눈이라고 주장한 것이다.

이에 따르면 생후 9주째부터 아기는 엄마의 눈을 적극적으로 살펴보고, 눈맞춤이 이루어지자마자 웃는다. 이런 눈맞춤이 잘 이뤄지고 나서야 유아는 주변 환경에 더 많은 관심을 기울이고 더 많이 반응한다. 즉, 아기는 엄마의 시선에서 안정감을 느끼고 그것을 지지대 삼아 자신 있게 세상에 나아가는 것이다. 이 과정은 나이를 먹고 성인이 된 후에도 영향을 미친다. 낯선 환경에서 누구나 움츠러들 수 있다. 특히 자기가 누구인지 알 수 없는 상태라면 더욱더 환경에 적응하는 과정이 불안할 수 있다. 이때 나를 바라보는 따뜻한 시선이 있다면 어떨까? 그 시선이 내 안에 뿌리 깊이 자리 잡게 된다면, 우리는 타인의 시선을 계속 확인하며 비교와 평가로 나를 세상의 기준에 맞춰 줄 세우는 일로부터 비교적 자유로워질 수 있다.

반면 나를 바라보는 엄마의 눈이 차갑고 냉정했다면, 혹

     남들 다 챙겨도 내 마음은 챙긴 적 없었다

은 엄마의 눈에서 나를 볼 수 없었다면, 유아기의 불안이 해소되지 않은 채 성인이 되어서도 어쩔 줄 모르는 마음을 안고 막막한 세상을 홀로 헤쳐 나가게 될 수도 있다. 어쩌면 긍정적으로 수용받지 못한 나의 모습들을 감추느라 자유롭게 나를 표현하지 못하고 마음속 불편함만 커졌을 수도 있다. 《수치 어린 눈》의 저자는 이러한 수치심의 악순환을 끊어내기 위해서는 '노출'이 필수적이라고 말한다. 부끄러워하는 부분을 타인에게 내보이고, 그 두려움을 대면하는 것이다. 그리고 이를 위해 '조건 없는 사랑'이 제공되어야 함을 강조한다. 상담에서 안전하고 편안한 환경의 제공을 기본으로 삼는 이유가 바로 이것이다. 치료적 사랑은 안전하게, 내담자가 감추고 싶은 것을 꺼내놓으며 그로부터 자유로워질 수 있도록 돕는 것에 중점을 두고 발휘되어야 한다.

물론 이 과정은 오랜 시간에 걸쳐 이루어진다. 우석 씨도 그랬다. 부정적인 자기 인식은 쉽게 변하지 않았고, 나쁘다고 이름 붙였던 자기 마음을 알아주는 과정에는 긴 시간이 걸렸다. 스스로에 대한 혐오를 돌아보며 그 근원을 찾는 과정은 때로 고통스럽고 힘겨웠다. 그렇지만 그 힘겨운 과정에서 경험하는 모든 감정을 의심하지 않고 자기 것으로 받아들일 때, 비로소 자신을 새롭게 인식하고 '온전한 나'로 자신감 있게 세상에 나아갈 기회가 된다. 그 기회들이 안전하게 주어질 때, 따뜻한 시선이 그의 노출된 수치심을 끌어안아줄 때 어느 순간 변화는 따라온다. 남과 비교하며 자신을 재단하던 두려움의 시선이 나를 온전히 바라보는 시선으로, 나아가 세상을 있는 그대로 바라보는 호기심 어린 눈으로 돌아올 수 있는 것이다.

앞서 학술대회에서 언급된 '수치심을 끌어안는다'라는 말 역시, 수치심에서 벗어나기 위해선 부끄러움을 노출하고 전적으로 수용받는 과정이 필요하다는 것을 강조하는 말이었을 테다. 이를 통해 수치심을 겪던 개인은 자신의 마음을 수용하고 나의 삶을 적극적으로 살아갈 수 있다. 이는 막연한 자기혐오에서 벗어나 나를 알아가는 과정이며, 타인의 기준에서 벗어나 나의 양심과 주관에 따라 선택하고 책임질 힘을 기르는 길이다.

 남들 다 챙겨도 내 마음은 챙긴 적 없었다

Part 2

소중한 사람을 대하듯
나를 대하라

남을 미워하기 전에
나를 먼저 사랑하라

못난 나를 인정할 수 없어요

어느 공부 모임에 참여했을 때의 일이다. 영어로 진행되는 모임이라 쉽게 말을 꺼내지도 못하고, 공부 내용도 잘 따라가지 못해 위축되어 있었다. 다행히 통역을 도와주는 선생님이 계셔, 그분과 교류하는 일이 잦았다. 시간이 지나며 친밀감이 쌓이자, 아무래도 그때의 나는 상대에게 더 똑똑하고 멋진 모습을 보여주고 싶었던 모양이다. 그분이 남긴 격려 코멘트에 신이 나 아는 척을 잔뜩 담은 장문의 메일을 보내고 만 것이다. 다음 날 찜찜한 마음에 다시 살펴보니, 확실치도 않은 기억을 가지고 의도치 않게 거짓말에 가까운 내용을 써 놓은 게 아닌가? 다행히 이후 오해를 풀고 잘 수습했지만, 그 이후로 나는 가끔 스스로 사실을 있는 그대로 말하고 있는지 점검하곤 한다. 나도 모르게 은근슬쩍 거짓을 섞어 부풀린 말을 하고 난 뒤의 기분이 얼마나 찝찝하고 공허한지 잘 알기 때문이다.

이런 일이 일어나는 이유는 더 재미있고 멋진 사람으로 보이고 싶다, 정확히는 내가 그런 존재이면 좋겠다는 마음 때문일 것이다. 누구에게나 그런 마음이 있다. 그런데 이런 바람이 의도치 않게 어그러지면 어떻게 될까? 미주 씨의 사례를 살펴보자.

회사에서 인사고과를 받은 날 이후로, 미주 씨는 울적한 기분에 휩싸여 밥맛이 없었다. 며칠 동안 밤잠을 설치고, 멍한 상태로 출근하여 집중도 못 하고 어영부영 시간을 보내는 날이 반복되었다. 그러던 어느 날 상사가 사소한 것으로 트집을 잡기까지 하자, 그녀는 홧김에 반차를 내고 집으로 돌아가 버리고 말았다. 이 모든 원인은 인사고과 때문이었다. 지난 1년 동안 누구보다 열심히 일했건만, 정작 돌아온 평가는 예상보다 한참 낮았다. 게다가 무능한 부장에게 싫은 소리까지 듣게 되자, 그동안의 노력이 아무 의미도 없어진 것 같아 허탈해졌다. 남들이 꺼리는 힘든 일까지 마다하지 않고 해냈는데 알아주지 않는 회사가 미웠고, 면전에서 핀잔을 주는 부장에게 욕지거리가 올라왔다. 지친 몸과 마음을 이끌고 집에 돌아와 구직 사이트에 이직처를 검색하던 미주 씨의 마음이 복잡해졌다.

     남들 다 챙겨도 내 마음은 챙긴 적 없었다

갑작스러운 좌절에 얼어붙은 마음

미주 씨의 사례는 언뜻 보면 직장인들의 평범한 고민 같아 보인다. 열심히 일해도 아무도 알아주지 않으면 누구든 지치기 마련이지 않은가. 하지만 미주 씨의 사례에서 두드러지는 점이 있다면, 나빠진 기분이 좀처럼 회복되지 않고 계속 일상에 악영향을 주고 있다는 점이다. 물론 고통의 크기는 주관적이다. 똑같이 낮은 업무평가를 받더라도, 누군가는 훌훌 털고 일어나 평소처럼 출근할 수도 있고, 누군가는 심하게 침울해할 수도 있다. 그게 잘못된 건 아니지만, 결국 같은 일을 다르게 받아들이게 되는 원인은 각자의 마음이 발달한 모습이 조금씩 다르기 때문이다.

미주 씨의 마음이 발달한 모습은 심리학자 코헛Heinz Kohut이 말한 '자기애적 성격narcissistic personality'과 닮아 보였다. 정신과 의사이자 자기심리학self psychology의 창시자인 코헛은 수많은 임상 경험을 통해 자기애적 성격에 대해 깊이 연구했다. 그에 따르면 자기애적 성격은 성취와 인정에 매달리는 특징이 있다. 물론 누가 성취와 인정을 마다하겠느냐만, 자기애적 성격이 가진 특징은 그 정도가 조금 심하다는 것이다. 이들은 자신의 성취를 부풀리며 자기를 과시하는 경우가 많고, 그 과정에서 타인을 얕보거나 질투하기도 한다. 마치 미주 씨가 부장을 '무능하면서 직급만 높은 사람'이라고 생각한 것처럼 말이다. 이러한 특징으로 인해 이들은 타인에게 상처를 주거나, 공감을 어려워하는 모습을 보이기도 한다.

그런데 코헛은 이러한 자기애적 성격의 특성을 '자라지 못한 어린 나무'에 비유해 설명했다. 잘라내야 할 병들고 썩은 나무가 아니라, 충분히 사랑받지 못해 어린 상태에 머물러 있는 나무 말이다. 그렇다면 이 어린 나무를 치유하는 방법은 무엇일까? 그것은 바로 뒤늦게라도 물과 양분을 아낌없이 주는 것이다. 코헛은 신체가 생존을 위해 산소를 필요로 하듯 정신도 생존을 위해선 충분한 공감이 필요하다고 말하며, '공감의 실패를 공감'하는 충분한 애정과 따뜻한 태도가 비뚤어진 마음을 바로잡아 줄 수 있다고 보았다. 이때 이러한 환경을 제공하는 대상을 일컬어 '자기대상selfobject'이라고 부른다.

코헛의 이론에서 특히 인상적인 부분은 '최적의 좌절'을 설명하는 것이다. 자라면서 상처가 없는 사람은 없다. 완벽한 부모도 없고 완벽한 환경도 없으며 완벽하게 태어난 사람은 더더욱 없다. 누구나 내면적인 좌절을 겪게 되는데, 코헛은 이 좌절이 점진적으로 이루어져야 마음이 건강하게 발달할 수 있다고 말한다. 예를 들면, 힘이 세고 아는 것도 많아 모든 걸 척척 해결할 줄만 알았던 부모님도 때로는 화를 내고 슬퍼하며 마음대로 하지 못하는 일이 있음을 알게 되는 것처럼 말이다. 이렇게 이상적으로만 여겨졌던 자기대상(부모님)을 조금씩 현실적으로

　　　　　　　　　남들 다 챙겨도 내 마음은 챙긴 적 없었다

평가하다 보면, 자기대상이 충족시켜 주던 마음의 안정 기능을 서서히 내면화할 수 있다. 그러나 이런 과정이 너무 갑작스럽게 일어났거나 제대로 경험하지 못한 경우, '최적의 좌절'은 일어나지 않는다. 그 결과 마음의 안정을 갈구하게 되어 성취와 인정에 집착하게 된다고 코헛은 말한다.

미주 씨에게 필요했던 것도 어쩌면 그런 과정이 아니었을까. 영특했던 미주 씨는 부모님께 칭찬과 사랑을 듬뿍 받는 아이였는데, 동생이 태어난 뒤로는 갑작스레 책임감 있는 맏언니가 되어야 했다. 미주 씨 역시 아직 어린아이였는데도 말이다. 미주 씨는 바쁜 부모님을 대신해 동생을 엄마처럼 돌보곤 했는데, 귀가한 부모님은 그런 미주 씨에게 주로 '잘했다', '똑똑하다' 등 성취에 대한 칭찬을 해주었다. 그녀에게 필요했던 건 어리광을 받아주고 고충에 공감해 주는 따뜻한 말 한마디였을 텐데 말이다. 미주 씨의 마음에도 자라지 못한 어린 나무가 있었던 것이다.

신뢰 속에서 다시 자라는 마음의 뿌리

미주 씨처럼 최적의 좌절을 겪지 못한 사람들을 위해, 코헛은 그것이 실패한 순간을 상담 과정에서 재현하며 다시 한번 내면화의 과정을 제공해야 한다고 보았다. 그뿐만 아니라, 마음의 안정을 제공하는 자기대상이 인간 생애 전반에 걸쳐 필요하다고도 말했다. 요컨대 어른들에게도 엄마가 필요하다는 것이다. 왜냐하면 마음속 나무가 건강하게 자랐던 사람도 갑작스러운 좌절을 겪으면 부러질 수 있기 때문이다. 그 부러진 둥치에서 다시 새로운 나무가 튼튼하게 자라나려면, 끊임없이 애정 어린 관심을 주고받는 관계가 필요하다.

철학자이자 정신분석가였던 에리히 프롬Erich Fromm은《사랑의 기술》에서 사랑에 필수적인 중요한 태도 중 하나로 '최고의 관심'을 꼽았다. 그것을 함께 주고받을 수 있는 사람을 만난다면 최고겠지만, 그렇지 않은 경우 내가 나에게 제공할 줄 알아야 한다. 어쩌면 상담은 바로 그런 일을 배우는 과정일지도 모른다. 안전한 환경과 신뢰 관계를 바탕으로, 혼자 헤매고 있는 마음을 돌아보고 최고의 관심과 사랑을 주는 방법을 배우는 것이다. 내 삶과 마음을 있는 그대로 바라보는 건 고통스러운 일이기에 외면해 버리기 쉽지만, 그럴수록 고통은 사라지지 않고 나를 괴롭히려 든다. 오히려 부끄럽고 아픈 자신을 마주하고 이해해야 삶은 앞으로 나아갈 수 있다. 그것이야말로 진정한 자기 사랑의 실천이다.

미주 씨, 나아가 마음속에 어린 나무를 방치해 둔 많은 이들이 자기 내면에 있는 아이를 알아봐 주었으면 좋겠다. 인정과 사랑에 굶주린 채 잔뜩 긴장하고 있는 아이를 알아봐 준다면, 유연해진 마음은 남들의 평가에 크게 휘둘리지 않을 것이다. 내 기대와 실제 평가는 다르기 마련이고, 그게 꼭 나라는 존재에 대한 평가가 아닌, 하나의 점수일 뿐임을 알면 시야가 넓어진다. 그러면 자연스럽게 다른 사람도 눈에 들어오고, 누구나 잘하는 게 있으면 못하는 게 있는 법이라는 사실도 알게 될 것이다. 최고가 되지 않아도 괜찮다. 사실 당신에게 필요한 건 최고의 자리가 아닐지도 모른다. 삶에는 그보다 더 중요한 것이 있다. 그 사실을 깨달을 수 있다면, 당신도 마음속 어린 나무를 가만히 안아줄 수 있을 것이다.

모든 사람을 만족시키려 애쓰지 마라

아무도 내 감정을 공감하지 못해요

은영 씨는 원래 주변 사람들과 잘 어울리는 사람이었다. 회식 자리에서 분위기를 띄우는 것도 그녀였고, 업무 중에도 상대가 원하는 것을 잘 알아차리고 대응해 주변 사람들은 그녀를 센스 만점 직원으로 꼽았다. 사적인 관계에서도 마찬가지였다. 은영 씨에겐 마치 엄마처럼 헌신적인 면이 있어 애인과도 늘 깨가 쏟아지듯 오붓한 관계를 유지했다.

문제는 그 정도가 다소 과하다는 것이었다. 연애를 하는 동안 은영 씨의 삶에서 1순위는 언제나 애인이었다. 과한 애정은 그만큼 과한 실망으로 돌아오기도 했다. 사소한 의견 차이로 다툼이 생길 때면 '내가 너한테 그렇게나 잘해줬는데'라는 억울함과 분노를 상대에게 쏟아냈고, 시간이 지나 화가 풀리고 나면

 남들 다 챙겨도 내 마음은 챙긴 적 없었다

미안한 마음에 또 과하게 애정을 쏟는 패턴이 반복되었다.

그런 그녀에게 결국 큰 사달이 일어나고 말았다. 오랫동안 만난 애인이 이직 후 이별을 통보한 것이다. 최근 결혼 이야기가 나오면서 갈등이 잦아지긴 했지만, 그래도 이전에 만난 어떤 사람보다도 잘 맞았고 믿을 수 있는 사람이라 생각했는데 예상치 못한 충격이었다. 은영 씨는 그간 바친 헌신의 보답이 겨우 이런 것인지 분한 마음이 들었다. 화를 내고 매달려 보기도 했지만 애인은 이미 오래전에 마음을 정리한 것 같았다.

생각해 보면 은영 씨에겐 이와 비슷하게 끝난 관계가 많았다. 연인 관계뿐만 아니라 친구 사이에서도 그랬다. 늘 최선을 다해 상대의 이야기를 들어주고 맞춰주었다고 생각했는데, 정작 상대는 서운해하고 거리를 둔다는 사실을 받아들이기 어려웠다. 늘 자신만 공감하고 다가갈 뿐 아무도 자신을 위해 공감해 준 적이 없는 것 같아, 은영 씨는 사람들이 원망스러워졌다.

요컨대 은영 씨는 아무도 자신을 이해해 주지 않는다는 생각에 괴로워하고 있었다. 그런데 주변 사람들의 평가나 시선을 걱정하는 사람을 가만히 들여다보면, 자기 자신에게 스스로 그러한 평가나 시선을 던지는 경우가 많다. 사람들이 나를 우습게 볼까 봐 두려워하는 사람에겐 스스로를 얕잡아보는 측면이, 아무도 나를 좋아하지 않을 것 같다고 걱정하는 사람에겐 자기 자신을 좋아하지 않는 경향이 숨어 있는 것이다. 마찬가지로 아무도 내 감정을 공감하지 못하고, 이해하지 못한다고 걱정하는 사람의 이면에는 스스로도 자기 자신을 공감하거나 이해하지 못하겠다는 혼란스러움이 숨어 있을 가능성이 크다. 상대가 나를 공감해주지 않는 것을 넘어, 상대로부터 한 번도 제대로 된 공감을 받아본 적이 없다고 느낀다면 오히려 스스로의 상태를 돌아볼 필요가 있다.

감정을 온전히 이해받아본 적 있는가

정신분석가 카렌 호나이Karen Horney는 누구나 '참자아real self'를 타고나며, 이는 각자의 색깔대로 성장과 성취를 이루게 하는 에너지이며 무한한 창조의 원천이라고 말했다. 그녀의 이론에 따르면 심리적 고통 혹은 여러 성격적인 문제들은 참자아를 제대로 발휘하지 못한 결과이며 이는 어린 시절 안전한 환경이 제공되지 않았기 때문이다. 즉, 심리적인 문제나 성격적인 특성 모두 안전하지 않은 환경에서 살아남기 위한 '전략'이며, 본인이 왜 그러한 '전략'을 취했는지 이해하고 '진정한 나'를 찾아가는 과정을 통해 문제를 극복할 수 있다고 보는 것이다. 호나이의 연구 중 특히 인상적인 부분은 신경증neurosis에 대한 연구다. 그녀는 신경증을 '증상 신경증symptom neurosis'과 '성격 신경증character neurosis'으로 구분한다. 이 중 전자는 공포증, 불안증, 강박증, 우울증 등 분명한 증상에 초점을 맞춘 것이고, 후자는 개

남들 다 챙겨도 내 마음은 챙긴 적 없었다

인의 독특한 성격인 것처럼 보이지만 실제로는 심리 장애로 분류될 수 있는 특성을 일컫는다. 예를 들면 지나친 완벽성, 공격성, 성급함, 겸손함, 무관심 등이 그렇다.

상담실에 방문하게 되는 원인은 크게 이 두 가지다. 그러나 후자의 경우는 증상이 모호하기도 하고, 오랜 시간 동안 굳어진 성격이나 타고난 특성으로 이해되기 때문에 쉽사리 변하지 않는다. 또한 평상시에는 큰 고통을 느끼지 않는 데다가, 또 모든 사람은 신경증적 요소를 어느 정도 갖고 있기 때문에 더욱더 그것을 문제로 인식하고 변화를 꾀하기가 어렵다. 그러나 이는 삶의 중요한 순간에 문제를 일으키며 주변 사람들을 힘들게 한다.

호나이는 이러한 성격 신경증을 보이는 사람들의 내적 갈등을 깊이 연구했다. 그녀에 따르면 이들이 해결해야 할 것은 신경증 그 자체가 아니라 그로 인한 절망, 즉 '신경증적 절망neurotic hopelessness'이다. 이를 위해선 모순되는 갈등을 냉정하게 이해하고 해소하여 성격의 통합을 이루어야 한다고 호나이는 주장한다. 성격 조건을 변화시키는 일련의 작업을 통해 사람들은 절망과 두려움을 조금 덜 느끼고, 타인에게 덜 공격적인 사람이 되며, 자신을 포함한 사람들에게서 덜 소외될 수 있다는 것이다.

호나이의 이론으로 은영 씨의 사례를 이해해 보자. 은영 씨는 어린 시절 부모님의 잦은 싸움으로 인해 늘 불안과 초조함을 느꼈다. 엄마가 자신을 버리고 떠날까 봐 두려웠고, 아빠가 또 문제를 일으켜 집안을 순식간에 지옥으로 만들까 봐 조마조마했다. 자연스레 은영 씨는 오랫동안 엄마를 돕고 아빠를 기쁘게 하며 눈치껏 부모님의 관계를 중재하는 일을 맡아왔다. 형제자매 중 둘째인 그녀가 분위기를 조율하는 애교쟁이 역할을 떠맡아 온 것이다. 즉 그녀는 스스로의 감정을 느끼고 이해하기 전에 가족들의 감정을 먼저 읽고 상황에 대처해야만 했다.

호나이의 성격 이론을 적용한다면, 그녀의 관계의존적 성격은 어린 시절 부모님으로부터 버려질지도 모른다는 불안을 해소하기 위해 시작된 전략이라고 볼 수 있다. 어린 은영 씨는 자신이 중재자로 활약한다면 부모님의 사이가 안정될 것이고, 그러면 이혼 등의 이유로 버려지지도 않을 것이라고 느낀 것이다.

호나이는 이런 유형을 '사람들에게 향하는moving toward' 순종적 유형으로 분류했다. 이들은 주위 사람들에게 인정과 애정을 퍼주듯이 베푼다. 하지만 그 이면에는 그만큼 인정과 애정을 받고자 하는 강한 욕구가 숨어 있으며, 그 결과 삶의 모든 기대를 충족시켜 줄 친구나 애인, 배우자를 각별하게 원한다. 이렇게 강박적인 관계 욕구는 상대방에 대한 불만을 품을 수 없게 만들며, 어떤 상황에서건 사람들이 나를 필요로 한다는 느낌을 얻기 위해 거절하지 않고 희생하며 때로는 굴욕까지 감수하게 만든다. 그러나 이렇게 자신을 낮추는 행동은 존중받지 못하는 상황을 낳을 뿐이고, 그 결과 버림받는 데 대한 불안은 더 커질 수밖에 없다. 또한 상대에게 원하는 사랑의 형태가 비현실적이기에, 때로는 자연스럽게 경험하기 마련인 사소한 갈등과 의견 불일치도 견디기 어려워한다. 그런 순간의 좌절이 너무나 괴로워, 자신의 깊은 감정을 마주하기 전에 다른 외부 자극으로 눈을 돌려 버리곤 한다.

다시 말해 '사람들에게 향하는' 순종적 유형은 세 가지 문제적 특징을 보인다. 상실감을 감당할 수 없어 피상적인 관계의 끈을 놓지 못하고 이별을 부인한다는 것, 그리고 상대가 자신에게 무한정 사랑을 주지 않는다는 사실을 인정하지 못한다는 것, 마지막으로 이상적인 인간관계를 찾아 공상 속으로 도망친다는 것. 이는 안정적인 연애나 결혼생활을 위태롭게 만든다.

모순된 감정과 만나기

은영 씨의 애교쟁이 둘째 딸 전략은 당시 그녀의 상황에 비추어 보면 나름대로 합리적인 행동 방식이라고 볼 수 있다. 그러나 더 이상 부모님의 감정을 살펴야 하는 어린아이가 아닌 만큼, 어른 은영 씨에게는 더 이상 필요치 않은 전략이기도 하다. 게다가 그것이 은영 씨의 현재를 힘들게 만든다면 더욱 그렇다. 그럼 어떻게 변화할 수 있을까?

우선 관점을 바꾸어, 그동안의 퍼주는 관계가 실은 자기중심적인 생각의 발로라는 사실을 받아들여야 한다. 타인을 즐겁게 해주고, 돕고, 무조건 맞춰주려는 마음가짐은, 알고 보면 상대의 마음에 전혀 관심이 없다는 뜻이기도 하다. 말에 담긴 속뜻을 되묻고, 자신의 생각과 다른 부분을 견주고, 때로는 약간의 갈등도 빚을 때 오히려 상대가 무엇을 느끼고 어떻게 생각하는지를 더 선명하게 알 수 있다. 그에 비해 상대에게 무조건 맞추기만 하는 마음가짐은 상대의 의도에는 관심 없이 '나의 인간관계'를 깨뜨리지 않으려는 자기중심적 발상인 셈이다.

이것을 깨달았다면 그때부턴 마음속에 묻어두기만 했던 자신의 감정을 들춰내어 돌아보아야 한다. 실은 상대가 원하는 바를 이해하지 못했던 불안감, 내 마음을 알아주지 않는 상대에 대한 분노, 이렇게나 열심인데도 내 마음에 보답해주지 않는 상대에 대한 서운함 등등. 내가 미처 인식하지 못했던 무의식적인 기억과, 그것이 나의 현재에 끼친 영향을 알아가는 과정에서 나의 진짜 감정을 인식하는 것이 진정한 자기 공감이요, 자기 존중이다.

이 과정에서는 물론 과거의 아픔을 바라보고 어린 나와 만나 연결되는, 깊이 공감하는 시간도 필요할 것이다. 더불어 그로 인한 적개심과 보복하고 싶은 마음 등 부정적인 감정도 인정하며 내 안의 모순을 알아차려야 한다. 호나이가 말하는 '냉정하게 이해한다'라는 말의 참뜻은 더 이상 자신을 가면 안에 가

 남들 다 챙겨도 내 마음은 챙긴 적 없었다

두지 않고 있는 그대로 바라본다는 의미이다. 즉, 참자아를 찾아 내 모습 그대로 인생을 건설적으로 살아가기 위한 에너지를 확보하는 것을 뜻한다.

어느 누구도 다른 사람의 삶을 책임질 수 없으며 억지로 변화시킬 수도 없다. 스스로 나를 아는 만큼, 나와 연결되는 만큼 변화의 동기가 생기고 힘도 생긴다. 때로 상담자는 그 과정을 잘 해낼 수 있도록, 내담자의 모습을 있는 그대로 비춰주는 '거울'이 된다. 한 개인의 삶에 대하여, 그 과거와 현재에 호기심을 갖고 그의 참자아를 믿어주며 그가 변화되는 과정을 있는 그대로 비춰주는 존재 말이다. 결국, 상담의 목표는 스스로 힘을 갖고 스스로의 삶을 책임지고 멋지게 살아내는 것이다. 그렇게 진짜 나와 만나 솔직한 감정과 접촉할 때, 우리는 중요한 사람과의 관계에서도 더 깊이 연결되고 더 잘 공감받을 수 있게 된다.

때론 조용한 사람이
가장 강하다

내향인의 기쁨과 슬픔

헝가리의 음악가 프란츠 리스트Franz Liszt에 관하여 어느 평론가가 썼다는 글이 인상적이다. "연주자로서의 리스트는 아이돌이었지만 작곡가로서의 리스트는 철학자였다." 나는 클래식에 조예가 깊진 않으나, 조성진 씨가 연주한 리스트의 피아노곡 '위안Consolation'을 들으며 큰 위로를 받은 적이 있었다. 그 깊고 아름다운 선율을 떠올리니 '철학자'라는 말이 잘 어울린다는 생각이 든다. 하지만 한편으로 리스트는 '리스토마니아'라는 이름의 팬클럽을 이끌고 다닐 정도로 놀라운 쇼맨십을 보여주던 아이돌이기도 했다. 한 사람 안에 대중들과 소통하는 아이돌과 내면으로 침잠하는 철학자가 공존하고 있었던 것이다.

이런 이야기를 떠올리니, 문득 최근 너무 흔해진 MBTI 검사

 남들 다 챙겨도 내 마음은 챙긴 적 없었다

가 떠오른다. 그러한 성격유형 검사는 인간의 특성을 이해하기 쉽게 설명해 준다는 장점이 있지만, 자칫 복잡한 인간의 내면을 단순화하게 되는 오류를 범하기도 한다. MBTI는 분석심리학의 창시자 칼 융Carl G. Jung의 심리유형론을 바탕으로, 인간의 성격유형을 16가지로 분류한 검사이다. 태도, 인식, 판단, 생활양식 총 4가지의 지표를 기준으로 각 지표마다 상반되는 2가지 특성을 설명한다. 예컨대 태도의 측면에서 외향적인지 내향적인지를 구분하거나, 상황을 인식할 때 감각을 활용하는지 직관을 활용하는지를 나누는 식이다.

자연히 이런 질문이 떠오른다. 그렇다면 프란츠 리스트는 외향형이었을까, 내향형이었을까? 그에게는 무대 위에서 황홀한 기교를 부리는 모습과 홀로 작곡에 열중하던 모습이 함께 공존했는데 말이다. 여기서 엿볼 수 있듯, 타고난 하나의 유형을 제시하는 MBTI나 융의 심리유형론으로는 한 사람의 성격을 완전히 설명하기 어렵다. 진짜 나의 선호를 알지 못하기에 검사할 때마다 다른 유형이 나오는 사람도 있고, 드러난 성격만 놓고 보면 외향형 같은데 실제로는 내향형이라서 이미지를 유지하느라 매번 큰 에너지를 쓰는 사람도 있다. 실상이 이러한데 MBTI 결과로 한 사람을 규정하는 것은 마치 혈액형 성격설을 신봉하는 것만큼이나 어처구니없는 일이라고 할 수 있다. 그런 단정적 해석이 남이 아니라 자기 자신을 향하더라도 마찬가지다.

이처럼 자신의 성격을 단정 지음으로써 괴로움을 겪는 사람들이 많다. 미영 씨 역시 그런 사람 중 하나였다. 그녀는 어려서부터 수줍음이 많았다. 초등학교 입학식이 끝난 뒤에도 학급으로 집합하지 않고 운동장에 멍하니 서 있거나, 친척들이 모이는 명절이면 늘 엄마 뒤에 숨기도 했다. 미영 씨에게 '사람들 속에 섞이기'는 언제나 어떻게든 피하고 싶은 일이었다.

문제가 커진 것은 부모님이 미영 씨의 성격을 고쳐 주겠다며 그녀를 억지로 청소년 캠프에 보냈을 때부터였다. 국내도 아닌 해외로, 그것도 한 달씩이나 영어 회화 캠프를 떠나게 된 미영 씨는 떠나기 전부터 걱정이 태산 같았다. 그래도 어리고 소심했던 미영 씨는 부모님의 뜻을 거역할 수 없었기에, 끌려가듯 캠프에 합류하게 되었다. 하지만 조금이나마 품었던 기대와 달리, 영어 회화 캠프는 안 그래도 내성적이었던 미영 씨의 성격에 낯선 사람에 대한 부정적인 인식을 더하는 계기가 되었다.

그 결과 미영 씨는 인간관계에 무의식적인 불안을 품게 되었고, 시간이 흘러 성인이 되어서도 사람들과 쉽게 가까워지지 못했다. 그럴 때마다 그녀는 스스로가 남들에 비해 못나 보여 더욱 위축되었고, 혼자 방안에 틀어박히는 날이 잦아졌다. 그러나 그녀에게도 취업을 하고 사회생활을 시작해야 하는 시기가 다가왔다. 더 이상 피하고만은 살 수 없겠다는 생각에 이른 그녀가 상담실을 찾아온 이유였다.

　　　　　　　　　　　남들 다 챙겨도 내 마음은 챙긴 적 없다

나의 성향을 존중한다는 것

본래 융의 심리유형론은 근대 서구 사회의 개성 존중 풍조를 바탕으로, 모든 사람의 성격이 다르다는 것을 전제하면서 몇 가지의 특징적인 경향으로 나눌 수 있으리라는 의견을 말한 것이라고 한다. 반대로 한국 사회는 전통적으로 개성보다는 어디서나 모나지 않게 잘 어울리는 모습을 더 바람직한 것으로 판단하는 풍조가 있어서인지, 서로의 다름을 이해하고 존중하고자 성격유형검사를 활용하기도 한다. 그 결과 같은 유형끼리는 동질감을 느끼며 연결될 수 있을 것이고, 다른 유형에 대해서는 낯선 사실을 깨닫게 될 수도 있다.

다만 문제는 '외향형은 멋지고 내향형은 소심하다', '감정형은 따뜻하고 사고형은 냉정하다' 등 각각의 유형에 대한 깊은 이해 없이 가치판단을 일삼고 그것이 꼭 정답인 양 생각하는 일이다. 특히 우리나라에서는 자녀 양육에 있어 외향적인 성격이 더 좋은 것처럼 이해되는 경우가 많아, 내향적인 특성을 보이는 아이를 바꾸려고 애를 쓴다. 친구를 만들어주려고 캠프를 보내고, 발표를 잘 하게 하려고 스피킹 학원을 보내는 식이다.

이렇게 내 성향과 다른 면을 발휘해야 하는 상황에 갑작스럽게 내던져질 때, 아동은 큰 혼란을 겪는다. 물론 익숙하지 않은 것은 배우고 익히면 된다. 다만 '네 성격은 별로야'란 메시지가 전해질 때, 즉 자신의 자연스러운 모습은 무시될 때 그만큼 사람은 움츠러든다. 움츠러든 상태로 새로운 것을 배우는 것과, 본연의 모습 그대로 새로운 것을 배우는 것은 개인의 기분 면에서나 학습 효율 면에서나 천지 차이다.

그렇기에 우선 자신의 성향을 깨닫고 그것을 존중하는 것이 먼저여야 한다. 자신은 다수 앞에서 발표하는 것보다 소수의 친구들 앞에서 조용히 이야기를 나누는 것이 더 편안하다는 사실을 인정하고, 그것이 나쁜 게 아니며 나름대로 장점이 있다는 것을 알면 새로운 길이 보인다. 발표를 하더라도 기대치를 낮추고 자신의 강점을 살리면서 자기만의 만족스러운 결과를 만들어내면 된다. '이만하면 괜찮다'라는 긍정적인 경험이 하나둘씩 쌓이면 언젠가는 누구보다 자연스럽게 발표를 잘하게 되는 것이다.

외향형과 내향형의 기쁨과 슬픔

융의 심리유형론에서 말하는 내향적, 외향적 태도의 구별은 우리가 흔히 말하는 것과는 조금 다르다. MBTI가 심리유형론을 참고로 만들어지긴 했지만, 이에 더 살을 붙이고 또 실생활에서 활용할 수 있게 개발된 것이라 융이 강조한 측면은 오히려 묻히는 것 같다.

예를 들어 흔히 외향형이라고 하면 사교적이고 어디에서나 적극적인 태도의 측면을 강조한다. 동시에 내향형은 조용하며

 남들 다 챙겨도 내 마음은 챙긴 적 없었다

잘 나서지 않는 특성이 부각된다. 하지만 융은 외향형과 내향형을 '주체(나)와 객체(타인)에 대한 태도'의 차이로 설명했다. 어떤 사람의 태도가 객체를 주체보다 중요시하면, 즉 타인과의 관계를 내면적인 성찰보다 중시하면 그는 외향적인 태도를 가지고 있다고 말할 수 있다. 반대로 객체보다 주체를 중요시하면, 즉 내면적인 성찰을 타인과의 관계보다 중시하면 그는 내향적 태도를 취한다고 할 수 있다는 것이다.

예컨대 A와 B가 함께 음악회에 가서 리스트의 '위안'을 듣는다. 이때 A가 유명한 평론가의 말을 인용하며 '역시 너무 좋다!'라고 말한다. 반면 B는 지금 이 순간 리스트의 음악이 내 안에서 어떤 울림을 주는지, 얼마나 위로가 되는지를 A에게 표현하느라 분주하다. 융의 심리유형론에 따르면 A는 외향형이고 B는 내향형이다.

그래서인지, 사람들 앞에 나서는 게 직업인 연예인 중에도 내향형이라고 밝힌 사람들이 많다. 자신의 주관을 뚜렷하게 표현하는 직업인 만큼, 내향형이 많은 것도 이해가 간다. 그러면서도 그것을 남에게 알리고 전하는 것이 중요한 직업이니, 사교적이고 적극적인 모습을 보이는 것도 납득이 되고 말이다. 이처럼 한 사람의 성격이 내향형인지 외향형인지는 보이는 것으로만 단순하게 판단할 수는 없다.

이것은 내향적 성격이 고민이라고 말한 미영 씨 역시 마찬가지다. 특히 그녀처럼 어려서부터 오랜 시간 외부로부터 지적을 받은 경우, 있는 그대로의 자신을 제대로 보지 못할 가능성이 크다. 그녀에게도 적극적으로 도전하고 자신을 드러내고 싶은 면이 있었으나, 주변의 '너는 너무 내향적이야'라는 지적이 낙인처럼 그녀를 얽매 오히려 그런 면모를 드러내지 못했을지도 모른다는 뜻이다.

미영 씨에게는 자기 안에 존재하는 상반된 두 가지 모습을 모두 이해하는 시간이 필요했다. 문제라고 규정짓고 제대로 이해해 주지 못했던 자신의 내향적인 모습을 인정하고 받아들이는 시간과, 분명 존재했으나 주변의 지적 때문에 없는 것처럼 낙인찍혔던 자신의 외향적인 모습을 발굴하고 받아들이는 시간이 모두 필요한 것이다. 다시 말해 수줍어하는 것은 잘못된 것이 아니며, 나아가 내가 매번 수줍어하는 것도 아니라는 사실을 수용하는 것이다. 이 과정에서는 어린 시절 겪었던 수치심과 불안을 표현하면서 해소하는 시간이 필수적이다. 그러한 감정을 부정당하지 않고 온전히 수용하는 과정을 거치면, 과거와 비슷한 상황이 일어나더라도 잘 넘길 수 있게 된다.

리스트는 '아이돌'로서, 또 '철학자'로서 각각 어떤 경험을 했을까? 실력 있는 연주자로 많은 이의 사랑을 받는다는 사실에 기뻐하며 연주에 매진하기도 했을 것이고, 연주 일정과 대중의 관심에 치여 혼자가 되고 싶은 날도 있었을 것이다. 반대로

혼자가 된 날에는 드디어 차분히 작곡할 수 있게 되었다며 자유
로움을 만끽하기도 했을 것이고, 그러다가도 연주자로서 명성
을 떨치던 화려한 나날을 회상하며 쓸쓸함을 느꼈을지도 모른
다. 사실 우리 삶이란 것도 이처럼 때론 기쁘고 또 때론 슬프다.
어떤 성격도 늘 좋지만은 않은 것처럼, 늘 나쁘기만 한 성격도
없다. 나의 성격을 잘 알고 강점을 살릴 수 있을 때, 약점을 보
듬고 충분히 괜찮아질 수 있다. 물론 하루아침에 되는 일은 아
니니 조급해할 필요는 없다. 그런 날엔, 리스트의 '위안'을 들으
며 위로를 받는 것도 나쁘지 않겠다.

좋아하는데 다가갈 수 없어요

〈사랑은 낙엽을 타고〉라는 제목의 영화를 보고, 오랜만에 흐뭇한 기분으로 영화관을 나섰다. '별것 없는데 한 번쯤 볼 만한 핀란드식 사랑 영화'라는 지인의 소개를 듣고 봤는데, 기대 이상으로 귀엽고 사랑스러워 자꾸 웃음이 나왔다.

가난한 두 남녀가 노래방에서 처음 마주치고, 이후 다른 곳에서 우연히 다시 만나 데이트를 한다. 마트 직원이었던 여자는 유통기한 지난 음식을 챙긴다는 이유로 잘려 전기세를 낼 돈도, 밥 먹을 돈도 없다. 남자는 그런 상대에게 선심 쓰듯 먹을 것도 사 주고 영화도 보여 주지만, 실은 막노동으로 하루살이를 하며 술에 절어 사는 그의 인생도 초라하기 그지없다. 그럼에도 두 사람은 한편으로는 아슬아슬하게, 한편으로는 당차게 사랑을 이어 간다. 둘의 대화는 투박하지만 명확하고 솔직하다. 사랑도 미움도 숨기지 않고, 순수한 기쁨과 슬픔을 주고받는 듯하다. 사랑이 이토록 담백하다면 얼마나 좋을까?

영화와 달리 우리가 실제로 마주하는 사랑은 복잡하게 꼬인 경우가 많다. 좋아하는 사람이 나를 봐 주지 않고, 정작 관심 없는 사람만 내게 자꾸 다가오는 난감한 상황을 한 번쯤 겪어 보았을 것이다. 혹은 나조차 내 마음을 정확히 알지 못해 갈팡질팡하는 경우는 또 어떤가? 다가오면 멀어지고 싶고, 멀어지면 매달리게 되는…. 한 사람의 마음도 이토록 널을 뛰는데, 두 사람이 만나 주고받는 감정을 감당하기란 결코 쉬운 일이 아니다.

그래서 어떤 사람들은 사랑 자체를 포기하기도 한다. '나는 사랑 같은 데 관심 없어'라든가, '어차피 나 같은 건 연애 못 하니까'라며 깊은 관계로 이어질 가능성을 차단해버리는 것이다. 이 속에는 깊은 관계를 맺고 싶다는 마음과 맺고 싶지 않다는 마음이 모순적으로 맞물려 있어, 그 전말을 알아차리기까지 꽤나 오랜 시간이 걸리기도 한다.

내 마음을 거절당할까 봐 두려울 때

병찬 씨는 연애 경험이 한 번도 없는 사람은 아니었다. 그러나 그는 자신이 한 번도 '사랑하는 관계'를 맺어본 적은 없다고 말했다. 연애를 시작하는 것 자체는 어렵지 않지만, 상대방을 마음 깊이 좋아한다는 것이 무엇인지 알 수 없었다. 그 결과 관심을 받지 못한 상대는 지쳐서 금방 떠나기 일쑤였다.

그런 병찬 씨에게도, 가슴을 뛰게 하는 사람이 한 명도 없는 건 아니었다. 보기만 해도 설레고, 다가가고 싶은 사람을 만난 적은 있지만, 그녀가 가까이 올 때마다 극도의 긴장과 불안을 느껴 일부러 더욱 거리를 두었다고 했다. 그도 자신이 왜 그러는지 알지 못했다. 얼마 지나지 않아, 병찬 씨는 그녀가 다른 사람과 연애를 시작한 모습을 눈 뜨고 지켜보아야만 했다.

수동적으로 끌려가는 연애에만 익숙했던 그는, 사랑이 과연 무엇인지 회의감을 품었다. 현실적인 조건이 맞아 서로의 외로움을 달래주고, 그러다 나이가 차면 결혼을 하고 아이를 낳아 키우면서 갈등이 깊어지고, 그러다 결국 다시 외로운 혼자가 되는 것이 사랑일까? 병찬 씨는 삶이라는 게 원래 이토록 지겨운 것이냐고 물었다. 그런 무력감이 굳은살처럼 너무 오래 박인 나머지, 가슴 뛰게 만드는 사람이 나타나면 오히려 불안해하고 도망치는 것이 습관이 된 그였다.

《수치심》의 저자 조지프 버고Joseph Burgo는 자존감에 대해 이렇게 말한다. 진정으로 건강한 자존감이란 아무런 수치심을 느끼지 않는 것이 아니라, 그것을 피하지 않고 대면하여 자신을 이해하고 변화시키는 계기로 삼는 것이라고 말이다. 버고가 피해선 안 된다고 말한 수치심 중에는 '되돌아오지 않는 사랑'에

      남들 다 챙겨도 내 마음은 챙긴 적 없었다

대한 수치심도 있다. 이것은 흔히 애인이나 부부 같은 사랑하는 관계에서, 작게는 부탁을 거절당하거나 크게는 믿음을 배반당했을 때 느끼는 아픔이다. 이처럼 친밀한 관계에서 느끼는 의견이나 감정의 불일치는, 마치 존재를 부정당하는 듯한 아픔과 맞먹는다고 한다. 병찬 씨는 그런 아픔이 너무나도 두려워서, 타인의 선택과 요구에 자신을 맞춘 채로 살아가고 있었는지도 모른다. 공허한 관계에서 느껴지는 무력감을 무심함으로 포장해 견디면서 말이다. 하지만, 그런 궁여지책에는 한계가 있다.

관계에 대한 기대가 공포를 이긴다

어느 날부터 병찬 씨에게 무기력증과 수면 문제를 비롯한 신체적 증상이 나타났다. 딱히 큰 사고나 변화가 있었던 것도 아닌데, 잠에 못 들고 호흡이 어려워지는 날이 잦아졌다. 때로는 사소한 일에 주체할 수 없이 화가 나 회사 동료들과 갈등을 빚기도 했다. 갈등이 생길수록 '혼자가 편하다'라는 생각은 더 뚜렷해졌다. 하지만 혼자 지낸다고 허전함과 쓸쓸함이 사라지는 것은 또 아니었다. 병찬 씨는 그런 복잡한 마음을 이기지 못하고 상담실을 찾아온 것이었다.

그러던 병찬 씨가 자신의 마음을 깨닫기 시작한 것은, 그동안의 연애가 수동적으로 끌려가는 관계였다고 말하기 시작한 무렵이었다. 오랫동안 그의 마음을 쿡쿡 찔러 왔던 내면의 본심이, 드디어 그간의 무기력을 뚫고 정체를 드러낸 것이다.

혼자가 편한 게 아니라 상처받기 싫은 것이야말로 병찬 씨의 본심이었다. 그 기원은 어린 시절까지 거슬러 올라갔다. 아버지의 폭력으로 난장판이 된 집안, 남편을 원망하며 아들에게 하소연하는 어머니, 한참 걸리는 등굣길을 걸으며 가난의 울분을 삭이던 일…. 기억 깊은 곳을 메운 장면을 돌이키며 분노를 쏟아내던 그의 목소리에 울음기가 어렸다. 어린 병찬 씨에겐 가장 친밀한 관계가 가장 큰 위협이었으며, 언제나 그들의 폭력과 우울에 체념하듯 자신을 내주어야 했다.

흘러나오는 눈물만큼 병찬 씨의 마음은 가벼워지는 것 같았다. 마치 감옥에 갇혀 있던 분노와 슬픔이 해방감을 느끼며 빠져나오는 것처럼 보였다. 아버지의 폭력과 어머니의 우울을 혼자 받아내야 했던 어린 자신을 발견하자, 병찬 씨는 관계 맺기를 두려워하는 자신을 비로소 이해할 수 있었다. 또한 자신 역시, 어쩌면 누구보다 간절히 기댈 사람을 원했다는 것도 인정할 수 있었다. 그가 감옥 속에 가뒀던 감정은 분노와 슬픔뿐만 아니라 기대와 설렘 같은 긍정적 감정이기도 했다.

과거는 과거로, 현재의 나는 현재를 살아갈 것

병찬 씨의 사례처럼, 자신의 마음을 고통으로부터 보호하기 위해 무의식적으로 사용하는 심리적 전략을 '방어기제'라

  남들 다 챙겨도 내 마음은 챙긴 적 없었다

고 부른다. 감정은 우리 행동의 원동력이지만, 때로 우리를 아프게 하는 원인이기도 하다. 물론 이는 우리 자신을 지키기 위한 것이다. 몸의 통증처럼 말이다. 그러나 그것이 견딜 수 없을 만큼의 고통을 낳는 경우, 우리는 반대로 자신을 보호하고자 감정을 차단하기도 한다. 이를 해결하기 위해서는, 그렇게 차단하고자 하는 감정의 정체가 무엇인지 먼저 알아주어야 한다. 내 마음속에 '아픔을 느끼는 나'와 '그것을 잊고 싶은 나'가 모두 있음을, 그 둘의 팽팽한 내적 긴장을 알아주어야 한다. 그래야 사랑이든, 삶이든 방치하지 않고 지금 이 순간을 살아갈 수 있다.

평화롭게만 보이던 영화 〈사랑은 낙엽을 타고〉에서도, 남녀 주인공은 몇 차례 위기를 겪는다. 그중 하나는 술에 관한 것이었다. 두 사람은 여자의 집에서 식사를 하게 되는데, 알코올 중독이었던 남자는 여자가 잠시 자리를 비운 사이 외투 주머니에 있던 술을 꺼내 마신다. 그 광경을 발견한 여자는 '술꾼은 안 된다'라며 선을 긋지만, 남자는 사과는커녕 '잔소리꾼은 싫다'라며 나가 버린다. 로맨틱했던 분위기가 무색하게 서로를 '술꾼'과 '잔소리꾼'이라고 불평하는 그들의 말투는 날카로워 보인다. 하지만 이는 사실 과거의 깊은 상처로부터 스스로를 보호하기 위한 말과 행동이었다.

그러나 시간이 흐른 뒤, 술을 끊은 남자는 용기를 내 여자에게 전화를 건다. 여자는 그런 그를 반기며 당장 자기 집으로 와 달라고 부른다. 이들이 사랑의 위기를 건너고 용기를 낼 수 있었던 이유는 뭘까? 각자가 자신의 과거를 똑바로 마주하고, 그때 느낀 아픔을 솔직하게 인정했기 때문이었을 것이다. 외면된 마음의 상처는 계속 그 자리에 남아 우리 삶을 짓누른다. 그러나 외면하지 않고 마주하면 생각보다 쉽게 사라진다. 그렇게 하려면 내가 피하고자 했던 감정과 상황에 마음을 열고 뒤늦게라도 느껴야 한다. 그런 연민과 애도의 과정을 겪고 나면, 두렵게만 느껴졌던 사랑의 온기를 가슴 깊이 받아들일 수 있을 것이다.

     남들 다 챙겨도 내 마음은 챙긴 적 없었다

함께 있어도
외로움을 느끼는 이유

상대방이 나만큼 사랑하지 않는 거 같아요

부부 혹은 연인 사이에 관한 상담을 하다 보면, 때로 상대가 내 마음과 다르다는 이유만으로도 화를 내고, 서운해하거나 슬퍼하는 사람들이 있다. 이해가 안 되는 것은 아니다. 자신은 아침부터 저녁까지 틈틈이 상대를 떠올리고 보고 싶어 하는데, 정작 상대는 그렇지 않다면 얼마나 서운하겠는가.

그러나 조금 더 이성적으로 생각해 보면, 어떻게 사람 마음이 전부 똑같을까 싶다. 아무리 사랑하는 사이라 해도 말이다. 또 한편으로, 상대를 생각하는 빈도가 곧 사랑의 크기나 깊이를 말해주는 것은 아닐 수도 있다. 어쩌면 내가 상대방을 계속 떠올리는 것은, 눈앞의 상황이 힘들어 의지할 곳이 필요하기 때문일 수도 있다. 반대로 상대방도 나를 충분히 사랑하지만 너무 바빠서, 혹은 높은 집중력을 요하는 업무를 하느라 다른 무언가를 생각할 틈이 없을 수도 있다. 물론 상담을 받으러 오는 분들도 이런 사실을 머리로는 모두 알고 있다. 하지만 그럼에도 자꾸만 서운하고 불안하며 화가 나는 것이다. 이런 마음은 어떻게 다스리는 것이 좋을까?

미현 씨는 2년째 만나고 있는 애인과 건강한 관계를 맺고 싶다며 커플 상담을 신청했다. 둘은 서로의 사소한 언행에 화를 참지 못하는 경우가 많아, 큰 싸움으로 번지는 일도 예사였다. 감정을 주체하지 못해 마음에도 없는 말을 내뱉고 죄책감에 무거운 분위기를 견디는 일이 많아질수록, 이러다 사이가 멀어지는 것은 아닌지 걱정이 된다고 했다. 그러나 다행히 아직 두 사람 다 서로를 좋아하고 잘 지내고 싶은 마음도 커서, 기꺼이 함께 상담실을 찾은 거였다.

사정을 설명하는 미현 씨는 어쩐지 초조해 보였다. 미현 씨는 지금까지의 모든 연애가 불안했다고 말했다. 연애를 시작해 서로를 알아가는 과정은 즐겁고 설렜지만, 관계가 깊어질수록 심란하고 괴로운 순간이 자주 찾아왔다. 종일 메시지를 주고받던 중 연락이 끊기면 무슨 일인가 걱정이 되다가도, 몇 시간 뒤 사정을 들어보면 별것도 아닌 일에 나를 이토록 불안하게 만든 애인에게 화가 나기도 했다. 그렇게 부정적인 감정에 휩싸인 동안에는 상대의 말이 모두 거짓처럼 느껴졌고, 대체 자신이 무엇

   남들 다 챙겨도 내 마음은 챙긴 적 없었다

을 믿고 마음을 주고 있는지 회의감이 들어 헤어질 결심을 하는 순간도 여러 번이었다.

그러나 애인을 만나 하루를 즐겁게 보내고 나면 또 언제 그랬냐는 듯 감정이 풀어졌다. 혼자 파국을 상상하며 만신창이가 되었다가도 금세 웃으며 기분이 좋아지길 반복했다. 이런 날이 계속되자, 미현 씨는 작은 일에도 좌지우지되는 스스로에 대해 그야말로 자괴감이 들면서 위축되고 우울해했다.

제때 채워지지 않은 욕구

정신분석의 창시자 프로이트는 성장기 동안 욕구와 충동이 변화하는 모습에 따라 인간의 심리적 발달 단계를 나누었다. 그는 여러 책과 논문에 걸쳐 각 발달 단계마다 아이가 어떤 모습의 사랑을 찾게 되는지 쓰고 있는데, 이를 읽다 보면 성숙한 사람이 된다는 것이 무엇을 의미하는지 짐작할 수 있다. 자기 자신밖에 모르던 사람이 타인의 존재를 알게 되고, 나아가 이 세상 속에서 '너'와 '나'가 함께 살아가고자 노력하게 되는 것. 그것이 바로 프로이트가 강조한 '사랑할 수 있는 능력'이자, 어쩌면 상담을 통해 얻고자 하는 최종 목표라고도 할 수 있겠다.

이를 조금 더 자세히 이야기해 보자. 세상에 태어난 아기는 처음 1~2년 동안 엄마로부터 모든 욕구를 충족받는다. 이때 엄마는 마치 아이와 한몸이 된 것처럼, 울기만 하면 젖을 먹여 주고 기저귀를 갈아 준다. 하지만 약 24개월을 전후해 배변 훈련이 시작되면, 아이와 엄마는 난생처음으로 갈등을 겪게 된다. 아기는 이전처럼 아무 때나 아무 곳에서나 용변을 보려고 하지만, 이제는 엄마가 이를 가로막는 것이다. 또한 이 무렵은 말을 온전히 이해하지 못하는 아이의 안전을 위해 '설명 없는 규제'가 시작되는 시기인지라, 처음으로 "안 돼"라는 말을 듣고 욕구의 좌절을 경험하기도 한다. 이때 아이는 자신과 일심동체인 줄로만 알았던 엄마가 '나와는 다른 존재'임을 깨닫고, 드디어 '엄마'라는 외부 대상을 인식하게 된다.

이때 서로를 향한 애정 덕에 아이가 스스로 욕구를 포기하고 통제에 따른다면, 아이는 욕구를 다르게 해결하는 법을 배우며 다음 발달 단계로 나아간다. 그러나, 이와 달리 부모의 위협적인 말이나 행동 때문에 통제에 강제적으로 따르게 되는 경우, 아이의 욕구는 억압당한다. 겉으로는 욕구를 포기한 것처럼 보여도, 실은 그것을 놓지 못한 채 감추고만 있는 것이다. 이처럼 각 발달 단계마다 해결해야 할 문제를 해결하지 못하고 무의식 속에 억압해 둔 채 건너뛰었다면, 성인이 된 후에도 여러 가지 심리적 문제로 이어질 수 있다.

프로이트는 이를 '고착fixation'이나 '퇴행regression'이라는 단어로 설명한다. 이는 억압을 겪었던 시기로 다시 돌아가, 해결되지 않은 문제를 풀고자 하는 행동을 의미한다. 예를 들어 엄마

젖을 먹으며 욕구를 충족하던 구강기에 제대로 만족을 얻지 못했다면, 그 미련을 버리지 못하고 다시 엄마 젖이 필요한 아기처럼 퇴행하는 것이다. 욕구가 적절한 시기에 적절하게 채워지면 어린아이 역시 약간의 좌절을 받아들일 수 있다. 엄마가 나만을 봐주지 않는 것은 아쉽지만, 그것이 삶이라는 깨달음을 얻고 외부 세계로 나아갈 수 있는 것이다. 하지만 무시무시한 처벌을 두려워하면서 어리광 부리고 싶은 마음을 애써 억누른 채 사는 것은 '좌절을 받아들이는 것'과는 다르다. 이 경우 충족된 적 없던 욕망을 채워줄 대상을 찾아 헤매면서, 알코올이나 담배 등에 중독되거나 자신을 사랑해 줄 사람을 끊임없이 찾아다니게 될 수도 있다.

자매들 틈에서 자라온 미현 씨는 늘 시끌벅적한 집안 분위기와 상반되게 늘 고요하고 생각이 많은 아이였다고 했다. 그도 그럴 것이, 미현 씨네 집에는 사람이 많았지만 미현 씨와 친밀하게 교류할 수 있는 사람은 별로 없었다. 언니들과는 나이 터울이 있어 친밀감을 느끼기 어려웠고, 아버지는 막둥이인 미현 씨를 특별히 아꼈지만 늘 바쁘고 때론 무서웠다. 마흔이 넘어 아기를 낳고 급격히 몸이 쇠약해진 어머니가 아기인 미현 씨를 잘 보살펴 줄 수 있었을지 의문이었다.

어쩌면 결정적인 시기에 미현 씨에게 채워지지 못한 사랑이 현재의 관계에 영향을 준 것일지도 몰랐다. 실제로 미현 씨는 다재다능했고, 사람들에게 쉽게 호감을 사는 법을 알고 있었다. 자신을 사랑해 줄 사람을 본능적으로 알아보며 마음을 열었다. 자신의 전부를 내줄 듯이 연애에 몰두했고 상대에게도 같은 것을 요구했다. 하지만 이에 부담을 느낀 상대방이 떠나가고 나면 미현 씨에게 남은 것은 공허와 우울뿐이었다. 헤어지고 나면 상대를 원망하는 대신 자기 자신에게 스스로 화를 내며 우울해했다. 사랑을 줄 때는 한없이 너그럽다가, 되돌아오지 않는 사랑에 화를 내며 마음을 거두어 버리는 미현 씨의 연애는, 누군가와 사랑을 하는 것이라기보다는 혼자만의 외로운 싸움으로 보였다.

애도 끝에 오는 평온함이란

이렇게 과거의 결핍 이야기를 꺼내면, 지금 와서 뭘 어쩌란 말이냐는 푸념을 듣곤 한다. 과거로 다시 돌아갈 수도 없고, 사랑을 주지 않은 부모를 탓하는 것도 다 부질없는 일처럼 느껴진다. 그런 과거를 원망할수록 삶이 더 힘들어지는 것 같아 상담을 포기하거나 꺼리는 사람들도 있다. 이해한다. 어찌 보면 당연한 일이다. 완벽한 사랑을 받고 자란 사람은 없기에, 누구나 아픈 과거를 떠올리며 사무치는 슬픔과 마주해야 하기 때문이다.

하지만 과거를 돌아보는 일은 중요하다. 자신의 과거를 온

　　　　　　　　남들 다 챙겨도 내 마음은 챙긴 적 없었다

전히 마주 봐야 비로소 자기 자신을 사랑할 수 있기 때문이다. 그 시기에 꼭 필요했던 사랑이 자신에게 주어지지 않았을 때, 그때의 자신이 얼마나 외롭고 고통스러워했을지 알아주는 것, 그리고 그 속에서 자신이 내린 선택과 결과를 짊어진 채 지금까지 열심히 살아왔다는 사실을 알아주는 것. 그것이 바로 자기 자신을 사랑한다는 것의 진짜 의미다.

그저 알아주기만 해도 좋다. 원망할 대상을 찾는 대신 상실을 온전히 받아들이고 슬퍼하는 지경에 이를 수 있다면, 그것은 나에 대한 사랑을 넘어서 나를 둘러싼 환경과 내 삶 전체를 끌어안는 사랑의 실천이 된다. 그렇게 슬픔을 느끼고 나면, 충분히 앓고 나면, 그 끝에 안도가 찾아온다. 애인에게 사랑을 달라고 매달리던 내 마음 깊은 곳에 실은 사랑에 굶주린 아기가 있다는 것을 발견하고 나면, 어른인 내가 그 아기를 안아줄 수 있다. 사랑에 굶주린 아기를 달래서 떠나보내고, 어른이 된 내가 한층 더 성숙하게 연인을 대할 수 있다. 그렇게 깊은 마음이 연결되면, 잠시 연결이 되지 않더라도 믿고 기다릴 수 있다.

붙잡고 있으면 불안하지만, 놓고 나면 평온해지는 진리를 상담에서도 종종 목격하게 된다. 이때의 상실은 포기나 체념과는 결이 다르다. 잃을 것을 기꺼이 잃었을 때의 결실이 무엇인지는 직접 경험해 봐야 알 수 있다. 말로는 잘 표현할 수 없다. 솔직히 말하자면, 이렇게 말하는 나도 놓았다가 다시 붙잡기를 수백 번 반복하고 있다. 그때마다 얼마나 놓기가 어려운지 절절히 깨닫게 된다. 그럼에도 불구하고 충분한 애도 끝에 자유와 평화가 따라오며 그만큼 삶은 사랑으로 충만해질 것이라는 믿음이 있다. 그것이 내가 살아가는 이유이자, 상담을 계속하는 이유다.

 남들 다 챙겨도 내 마음은 챙긴 적 없었다

✦ 기대가 큰 만큼 미움도 커진다

질투를 멈출 수가 없어요

한창 사랑에 대해 고민하던 시절, 어느 선배가 '부부관계도 권력관계'라고 했던 말이 내내 마음에 걸렸다. 은희경 작가의 책《생각의 일요일들》에서 "나를 기쁘게 할 수 있는 사람만이 나를 기쁘지 않게 할 권력을 갖게 된다"라는 구절을 읽은 적은 있지만, 두 표현이 주는 느낌은 너무 달랐다. 책 속에서 말하는 '권력'은 상대를 너무 사랑하기에 나의 약한 부분까지 기꺼이 내어주는 듯한 낭만적인 느낌이었다면, 선배가 말한 '권력'은 상대를 어떻게든 이기려고 힘으로 찍어 누르는 듯한 가학적인 느낌이었달까? 안타깝지만, 상담사로 일하면서는 책 속 구절보다 선배의 말 쪽에 가까운 사례를 더 자주 접하는 것 같다. 상대보다 우월한 위치에 서고자 하는 시기와 질투 말이다.

취준생인 수오 씨는 애인에게 집착하는 마음 때문에 밤잠을 설치다 상담실을 찾았다. 다른 사람들에게 친절한 여자 친구의 태도가 의심스럽고 못마땅했기 때문이다. 이성적으로는 그럴 일이 없다고 생각하면서도, 수오 씨는 여자 친구가 자기보다 다른 사람을 더 챙기는 것 같다는 부정적인 생각에 괴로워했다.

사실 이 정도는 어린 연인이라면 누구나 한 번쯤 거쳐 갈 법한, 또 충분히 이해받을 법한 귀여운 질투라고 생각할지도 모르겠다. 하지만 문제는 수오 씨가 종종 여자 친구에게 참을 수 없는 분노를 느낀다는 것이었다. 이런 마음이 든 것은 여자 친구가 그보다 먼저 취업에 성공하고 더 넓은 인간관계를 맺게 되면서부터였다. 물론 수오 씨는 여자 친구가 안정된 직장을 갖게 된 것에 함께 기뻐했고, 취준생인 자신을 배려해 주는 데 감사함도 느꼈다. 하지만 여자 친구가 자신보다 번듯한 직장을 가진 친구들과 약속을 잡은 날이면, 그는 불안감에 휩싸여 여자 친구에게 거칠게 화를 내고 싶은 충동을 느끼기도 했다. 날이 갈수록 수오 씨는 자신의 분노가 여자 친구의 주변 사람을 향하는 것인지, 아니면 여자 친구 본인을 향하는 것인지 헷갈리기 시작했다. 자신이 잘난 사람이 되어 여자 친구에게 사랑을 받고 싶은 것인지, 아니면 여자 친구보다 잘난 사람이 되고 싶은 것인지 점점 모호해진 것이다. 이런 생각을 들키면 여자 친구가 실망하고 떠날 거란 생각에, 수오 씨는 점점 더 우울해했다.

　　　　　　　　　　　남들 다 챙겨도 내 마음은 챙긴 적 없었다

시기심과 질투심

수오 씨의 정확한 마음은 과연 뭘까? 그는 여자 친구에게 화가 난 것일까, 아니면 그 주변 사람들에게 화가 난 것일까? 둘 다일 수도 있다. 왜냐하면 두 감정의 뿌리가 하나일 수도 있기 때문이다.

아동의 심리를 연구했던 정신분석학자 멜라니 클라인Melanie Klein은 아기가 대상(양육자)과의 관계에서 불안을 느끼고 갈등하며 심리적 발달을 시작하는 시기가 약 두 살 반 무렵이라고 주장했다. 이 무렵 아기에게 최고의 기쁨과 안정감을 주는 것은 엄마의 젖가슴이다. 그런데 흥미로운 것은, 아기가 증오를 느끼는 최초의 대상도 바로 엄마라는 점이다. 엄마는 내게 젖을 주는 존재지만, 동시에 그것을 거두어 가는 존재이기 때문이다. 이때 아기는 젖가슴을 갖고 있는 엄마로부터 그것을 빼앗고 싶은 마음을 느끼며, 동시에 자기가 가질 수 없는 엄마의 젖가슴을 파괴하고 싶은 충동을 느낀다고 멜라니 클라인은 말한다. 물론 이러한 아기의 공격성은 점차 누그러진다. 제멋대로 만들어 낸 '젖가슴을 빼앗아 가는 나쁜 엄마'의 이미지가, 사랑을 주는 실제 엄마의 모습으로 인해 점차 완화되는 것이다. 이로써 아이는 하나의 대상 안에 좋은 것과 나쁜 것이 함께할 수 있다는 사실을 느끼고 배운다. 하지만 이러한 배움은 단 한 번으로 완료되지 않는다. 사랑하는 대상에 대한 증오는 언제든 다시 고개를

들 수 있고, 심지어는 성인이 되어서도 나타날 수 있다. '애증'이
라는 감정이 생기는 이유가 바로 이 때문이다.

정신분석학자 한나 시걸Hanna Segal은 이러한 멜라니 클라인의
이론을 계승 발전시켜, 사랑에 얽힌 증오를 더욱 자세하게 구분
했다. 바로 '질투'와 '시기심'으로 말이다. 여기서 질투는 경쟁자
를 제거해 사랑하는 대상을 소유하고자 하는 증오이며, 시기심
은 사랑하는 대상이 자신에게 좌절감을 안길 때 그 대상에게 품
는 증오이다. 이를 수오 씨의 사례에 접목한다면, 수오 씨가 여
자 친구의 주변인들에게 품는 감정은 질투이고, 수오 씨가 여자
친구에게 품는 감정은 시기심이라고 할 수 있을 것이다.

한나 시걸은, 사람들이 질투와 달리 시기심의 존재를 잘 인
정하지 못한다고 말한다. 사랑하는 상대를 빼앗아 가려는 자에
게 분노하는 것은 자연스럽다고 여기지만, 사랑하는 상대에게
증오심을 느끼는 것은 자연스럽지 않다고 여기기 때문이다. 하
지만 시기심의 존재를 인정하지 않으면 문제는 해결되지 않는
다. 상대를 잃을까 봐 두려운 마음 이면에는 내게 좌절을 주는
상대를 파괴하고 싶은 마음이 있다. 관계 속에서 나와 다른 사
람이 좌절을 주는 것은 어쩌면 당연하고, 그런 상대에게 미운
마음이 들 수 있다. 어쩌면 내 안의 불안과 시기심을 인정해야
그 안에서 괴로운 상태에서 벗어날 수 있는 것이다.

　　　　　　　　　　남들 다 챙겨도 내 마음은 챙긴 적 없었다

나쁜 것과 좋은 것이 함께 있다는 것

연인처럼 중요한 사람에 관한 상담을 하다 보면, 자연스럽게 부모와의 관계를 탐색하게 된다. 세상에 태어나서 가장 먼저 만나는 사람이자, 아이를 살게 하는 가장 중요한 대상이기 때문이다. 자연스레 수오 씨와도 부모님, 특히 어머니와의 관계를 돌아보게 되었다.

수오 씨의 기억 속에서, 가장 오래된 질투의 기억은 동생을 향한 마음이었다. 동생이 태어나면서 수오 씨를 향한 어머니의 관심은 자연스럽게 줄어들었다. 전처럼 자신만을 봐 주지 않는 어머니가 미웠다. 수오 씨에겐 그런 분노와 좌절감을 표출하는 과정이 필요했다. 아무리 유치하고 뒤늦어 보여도, 실제로 화를 느끼고 표현해 본 사람만이 자기 안의 화를 관찰하고 이해하며 떠나보낼 수 있다. 그러고 나서야 현재를 있는 그대로 살아갈 힘을 얻을 수 있다. 어린 시절의 혼란을 피하거나 기억 속에 묻어 두는 대신 말로 표현하자, 수오 씨는 자신의 부정적인 감정을 더욱 여유롭게 대할 수 있었다.

수오 씨는 여자 친구의 성취가 부러웠고, 그녀가 그에게만 쏟던 애정이 그리웠다. 그 사실을 인정하자, 동시에 그 달콤한 순간이 평생 똑같이 지속될 수만은 없다는 것을 인정할 수 있었다. 물론 이러한 깨달음을 실제 삶에 적용하여 관계를 회복하는 데에는 더 오랜 시간이 걸릴 것이다. 그러나 나의 욕심이 전부

충족되지 않아도 사랑은 계속될 수 있다는 것, 삶은 그렇게 어느 정도의 타협을 거쳐 비로소 온전해진다는 것을 알게 된다면, 집착하는 마음에서 벗어날 수 있다.

사랑하는 사람보다 우위에 서서 관계를 주도하려는 마음은, 알고 보면 반대로 상대에게 매달리며 붙잡고 싶은 마음일 수 있다. 그만큼 귀하고 소중한 사람이기에 더욱 놓치고 싶지 않은 것이다. 사랑하는 관계의 주도권은 시소처럼 왔다 갔다 움직인다. 이때 상대 쪽으로 기울어진 중심을 억지로 되찾아 오고자 집착하면 전보다 더 큰 불안과 죄책감에 시달리기 마련이다. 부럽고 야속한 마음을 솔직히 표현하면 오히려 갈등을 안전하게 해결할 수 있지만, 미움을 숨긴 채 사랑으로 포장하며 상대를 압박하면 관계는 더 파국으로 치닫곤 한다. 사랑은 이토록 복잡 미묘하다. 사랑을 둘러싼 자신의 감정을 더욱 입체적으로 바라볼 때, 마음의 균형을 이루는 진정한 사랑이 비로소 시작될 것이다.

   남들 다 챙겨도 내 마음은 챙긴 적 없었다

✦ 혼자서 잘 지내야
둘이서도 잘 지낸다

상대방이 나를 떠날까 두려워요

상담이 장기적으로 이루어지다 보면, 상담자와 내담자의 관계가 더욱 친밀해진다. 그도 그럴 것이, 상담 과정에서 나누는 이야기는 타인에게 쉽게 꺼낼 수 없는 것이기 때문이다. 게다가 질문과 공감을 통해 더욱 깊은 이해에 도달하는 과정을 함께하다 보면, 웬만한 지인보다 끈끈한 관계가 되기도 한다.

물론 이 과정이 말처럼 쉬운 것만은 아니다. 상담을 통해 날것의 감정을 풀어내다 보면 가끔 날카로운 말이나 울분이 터져 나오기도 한다. 물론 이 역시 상담의 일환이지만 말이다. 특히 정신분석적 심리치료에서는 무의식 속에 억압되었던 생각과 감정을 발견하고 이해하는 과정을 중시한다. 요컨대 상담자와의 새로운 관계 안에서 과거의 기억을 재연하며 묵은 감정을 생생하게 느끼고 그간 억눌렀던 자신의 마음을 돌아보는 것이다.

그런데 많은 내담자들이 솔직한 심정을 드러내는 것을 어려워한다. 아무리 눈앞의 상대가 상담자라 하더라도, 감정을 솔직하게 표현했다가 자신을 이상한 사람으로 보게 되어 버림받지는 않을지 두려워하기 때문이다. 자신의 마음을 들여다보기로 약속한 상담자와의 관계에서도 이럴진대, 영원한 사랑을 원하는 연인 관계에서는 어떻겠는가? 하지만 이렇게 '버림받지 않는 것'에만 집중해서는 관계가 제대로 진전되지 않는다. 오히려, 더 공허하고 외로워질 우려가 있다.

네가 없이는 나도 없다

미나 씨는 연애를 시작하게 되면 매번 마음이 힘들어졌다. 연애를 끝낼 때마다 다시는 이런 괴로운 시간을 겪지 않겠다고 다짐했지만, 매번 얼마 지나지 않아 다른 사람과 사랑에 빠지기 일쑤였다. 그리고 결국 이전 연애와 똑같은 방식으로 갈등을 빚곤 했다.

이런 아픔을 거듭하고 싶지 않다며 상담실을 찾은 그녀에게서는 행복감과 고통이 뒤섞인 감정이 전해졌다. 현재의 애인을 만나게 된 과정을 이야기하는 동안은 무척이나 설레 보였지만, 대화가 잠시 끊겼을 때, 상대가 자신을 조금 덜 반기는 것 같을 때는 초조하고 슬퍼 보였다. 이렇게 일희일비하는 탓에 하루에

　남들 다 챙겨도 내 마음은 챙긴 적 없었다

도 몇 번씩 감정이 요동쳐 쉽게 우울해졌고, 애인과 함께하는 순간의 기쁨을 온전히 누리지도 못하는 것 같았다. 분명 혼자가 아닌데도 왜 이토록 공허하고 외로운지 모르겠다고, 미나 씨는 말했다.

그런 미나 씨에게, 정신분석가 도널드 위니컷은 말했을 것이다. 당신은 다른 무엇보다도 우선 혼자가 되어야 한다고 말이다. 실제로 위니컷은 1958년 발표한 〈성숙 과정과 촉진 환경The Maturational Processes and the Facilitating Environment〉이라는 논문에서 '혼자 있을 수 있는 능력The capacity to be alone'의 중요성을 언급하고 있다. 그에 따르면 '혼자 지낼 수 있는 능력'이야말로 정서적 발달에 가장 중요한 성숙의 증거다.

여기서 '혼자 지낼 수 있음'이란 물리적 상태를 의미하는 것이 아니다. 방 안에 혼자 있더라도, 끊임없이 SNS를 확인하며 연락을 놓지 못하는 사람이 있다. 혹은 대화 중 잠깐의 정적도 견디지 못하고 아무런 말이나 쏟아내고 후회하는 사람들도 있다. 바로 이런 이들이 '혼자 지낼 수 있는 능력'이 부족한 이들이다. 이들은 타인과 정서적으로 연결되지 않았다고 생각되는 순간 큰 고통을 느끼며, 이를 버티지 못하고 끊임없이 약속을 잡거나 강박적인 행동을 되풀이하기도 한다.

이와 달리 '혼자 지낼 수 있는 능력'이 발달한 사람은 타인과 교류할 수 없는 상황에서도 침착하고 안정된 모습을 보인다. 요컨대 고독을 즐길 줄 아는 사람인 것이다. 위니컷은 이러한 능력이 성장 과정에서 자연스럽게 발달하는 것이라고 보았으며, 이를 위해서는 어머니가 있는 공간에서 혼자 놀아 본 경험이 중요하다고 말했다. 혼자 노는 경험을 조금씩 쌓다 보면 '혼자 노는 것도 괴로운 게 아니구나'라는 사실을 배우게 된다. 하지만 여기에는 한 가지 전제가 필요하다. 아이가 원하면 언제든 어머니의 품속으로 돌아갈 수 있는 상황이어야 한다는 것이다. 이처럼 '혼자 지낼 수 있는 능력'은 역설적으로 충분한 애정을 밑거름으로 자라난다.

실제로 인간관계에서 과도한 불안을 느끼는 바람에 사랑하는 사람과 깊은 관계를 맺지 못하거나 짧은 연애만 반복하는 등의 사례를 보면, 의존이 필요한 시기에 충분한 의존을 경험하지 못한 경우가 많다. 예컨대 어린 시절부터 집에 오랜 시간 혼자 남아 불안함을 견뎌야 했거나, 표면적으로는 부모와 관계가 좋아 보여도 실제로는 아이의 마음을 잘 들어주지 않아 부모에게 기댈 수 없었던 경우처럼 말이다. 불안감을 느껴도 도움을 받을 수 없다면, 아이는 그 감정을 억압하고 외면하게 된다. 그러나 불안감만을 쏙 골라 외면할 수만은 없는 법. 불안감을 억압한 아이는, 자신의 감정을 마주 보고 행동하며 자신을 알아가는 성숙의 과정 자체를 거치기 어렵다. 부모의 자기중심적 양육으로 인해 자신의 욕구를 들여다볼 새 없이, '부모가 원하는 나'로 자

    남들 다 챙겨도 내 마음은 챙긴 적 없었다

라기만 한 경우도 이와 마찬가지다. 이런 이들에게 온전히 '나'로 살아간다는 것, 독립해서 혼자 지낸다는 것은 한 번도 겪어본 적 없는 공포스러운 일이 되는 것이다.

나와 온전히 함께 할 수 있다면

미나 씨 역시 그런 경우였다. 그녀는 어린 시절부터 엄마와 각별한 사이였다. 엄마는 미나 씨를 혼자 두는 경우가 없었고, 언제나 자신과 함께하며 자신이 원하는 것을 딸이 해주기를 바랐다. 이런 관계는 청소년기 때까지도 오랫동안 이어졌는데, 그럴 때마다 미나 씨는 마치 엄마와 자신이 한 몸이라도 된 것 같다고 느꼈다.

그러던 엄마는, 미나 씨가 성인이 되자마자 이제부턴 네 인생 네가 책임지고 잘 살아보라고 말했다. 그동안 엄마의 부정적인 감정을 예민하게 탐지하고, 웬만하면 눈 밖에 나는 일을 하지 않으려 했던 그녀에게 갑자기 커다란 자유가 주어졌다. 하지만 미나 씨는 오히려 더욱 불안해졌다. 평생 엄마의 눈치를 살피던 그녀가 불안을 피할 방법은 자신을 필요로 하는 다른 대상을 만나는 것이었다. 하지만 이렇게 연인 관계를 맺고, 그에 집착할수록 미나 씨는 점점 더 작아지는 듯한 기분이 들었다. 이런 미나 씨의 불안한 마음은 진정한 자기 자신을 찾아야만, 즉 혼자 있을 수 있는 능력을 키워야만 근본적인 해결이 가능했다.

그런 미나 씨에게 가장 필요했던 것은, 엄마가 아닌 자신의 감정을 기준으로 스스로의 고통을 이해하는 것이었다. 미나 씨처럼 언제나 외부적인 조건과 타인의 기준에 따라 자신을 재단했던 사람들에게, 이런 과정은 신선한 자극이 된다. 물론 그 과정은 어렵다. 부끄러워 숨고 싶은 마음도 들 수 있고, 화가 나서 욱하는 마음도 들 수 있다. 하지만 그것은 억눌렸던 불안감이 터져 나오며 생기는 자연스러운 반응이다.

미나 씨는 언제 애인이 떠날까 불안해지는지, 그럴 때 스스로 어떤 행동을 취하고 그 결과는 어떠했는지, 하나하나 양파 껍질 벗기듯 자신의 깊은 속마음과 마주했다. 잠깐의 분노와 수치가 지나가자, 미나 씨는 그간 자신이 엄마에게 감정적으로 자주 휘둘렸다는 사실을 깨닫게 되었다. 그리고 그 순간의 불안감이, 지금의 애인을 대할 때 느끼는 불안감과 비슷하다는 사실도 알게 되었다. 어렸던 자신이 감당해야 했던 외로움을 공감하고, 그때 엄마에게 표현해야 했던 원망을 쏟아내며 미나 씨는 울었다. 그렇게 억눌렀던 감정을 흘려보낼 수 있게 되자, 그녀는 점차 자신의 감정을 혼자서 마주하고 다룰 수 있게 되었다.

불안을 혼자 마주한다는 것은 쉽지 않은 일이다. 상담을 통해 커다란 성장을 이루었다는 느낌이 들더라도, 또다시 좌절하는 순간이 찾아온다. 새로운 시도를 위해 애써야 한다는 사실이 피곤하게 느껴지고, 쉬운 방식으로 불안을 회피했던 과거의

   남들 다 챙겨도 내 마음은 챙긴 적 없었다

나로 돌아가고 싶어질 수도 있다. 혹은 불안한 마음을 알코올에, 달콤한 음식에, 또 다른 관계에 의존해 쉽게 해소하고 싶어질 수도 있다. 하지만 그럴 때일수록 '혼자 지낼 수 있는 능력'이 필요하다. 자신의 감정을 가만히 들여다보고 알아주다 보면, 자연스레 그런 즉각적인 쾌락이 자신을 더욱 해친다는 것을 깨닫게 된다. 그 대신, 그런 것 없이도 내가 조금씩 변화하며 나아지고 있다는 것을 확인함으로써 우리는 다시금 힘을 낼 수 있다. 이렇게 힘을 내는 순간은 어렵지만 그만큼 귀하다. 삶의 아름다움이 실은 고통을 이겨냄으로써 피어난다는 사실을 알게 될 때, 그때의 감동은 말로 다 표현할 수 없다.

인간관계에도
꾸준한 연습이 필요하다

결혼하면 사랑은 변하는 건가요

오래전 혼자 극장을 찾았다가 눈물을 펑펑 쏟게 만들었던 영화가 있다. 바로 〈봄날은 간다〉다. 영화에서, 남자주인공 '상우'는 제멋대로 떠났다 돌아온 여주인공 '은수'에게 "어떻게 사랑이 변하니?"라는 말로 거절한다. 내 사랑이 너 때문에 차갑게 식어버렸다고 질책하는 듯한 이 말은, 변한 사랑이 얼마나 매정해질 수 있는지 보여 준다. 사랑은 정말로 변할 수밖에 없는 것일까? 그래서 결혼이라는 법적인 제도 아래 두 사람을 묶어 두어야만 하는 것일까? 그렇다면 과연 그것을 사랑이라고 부를 수 있을까? 과연 진정한 사랑이란 뭘까? 이렇게 꼬리에 꼬리를 무는 질문을 던지다 보면, '사랑은 참 어렵구나'라는 결론 아닌 결론에 이르게 된다.

올해로 결혼 2년 차인 선우 씨는 최근 들어 아내와의 싸움이 잦아졌다. 처음은 단순했다. 빨래 개는 방법, 사용 후 물건 정리 방식 등의 사소한 차이로 시작된 말다툼이었다. 갈등이 반복될수록, 선우 씨는 안 그래도 회사에서의 스트레스도 만만치 않은데 집에서도 편히 쉬기 어렵다는 생각이 들어 답답해졌다. 그러자 싸움의 강도도 더 높아졌다. 두 사람 모두 왜 자신에게 배려하지 않는지, 왜 자기만 희생해야 하는지를 두고 따지기 시작했다. 서운함과 억울함은 곧 분노로 이어졌고, 걷잡을 수 없는 감정 다툼으로 번졌다. 자연스레 점점 서로 거리를 두기 시작했고, 회식을 핑계로 집에 늦게 들어가는 날도 잦아졌다. 저녁을 함께하는 날도 자연스레 줄었다. 약속이라도 한 듯 서로의 저녁을 방치하는 습관이 생긴 어느 날, 아내의 빈자리를 바라보던 선우 씨는 울고 싶어졌다.

연애할 땐 이렇지 않았다며, 선우 씨는 우울해했다. 선우 씨와 아내는 오랜 연인이었고, 자연스레 결혼도 하게 됐다. 다만 마음에 걸린 것이 있었다. 연애가 길어지자 정해진 순서를 밟듯 결혼까지 했지만, 그 순간 기쁨과 동시에 왠지 모를 불안감이 들었다는 것이다. 아무에게도 말하지 못했던 그의 막연한 두려움이, 기어코 갈등이라는 형태로 고개를 든 것 같았다. 선우 씨는 자신의 그런 감정을 감추고 싶어했지만, 그럼에도 어딘가에 이야기하지 않고서는 견딜 수 없을 것 같다고 말했다.

사랑을 하기에 앞서 이해해야 하는 것들

유명한 사회철학자이자 정신분석가인 에리히 프롬은 인간의 욕망으로 인한 사회적 현상에 관해 오랫동안 연구하며 활발하게 활동했다. 《사랑의 기술The Art of Loving》은 그의 대표작 중 하나로, 50년이 넘는 세월 동안 전 세계 독자들에게 읽히며 다채로운 토론의 주제가 되기도 했다. '사랑의 기술'이라는 한국어 제목을 보면, 마치 연애 잘하는 전략을 알려주는 책처럼 보이기도 한다. 물론 그렇게 활용할 수 없다는 건 아니지만, 소개팅에서 써먹을 전략을 기대했다면 분명 실망할 것이다. 이 책은 생각보다 본격적인 '사랑 철학' 책이기 때문이다.

에리히 프롬은 사랑을 할 때도 새로운 기술을 습득하는 것과 같은 자세로 임해야 한다고 강조한다. 인내심을 갖고, 정신을 집중하며, 최고의 관심을 잃지 않는 결연한 자세 말이다. 이러한 설명은 '훈련'을 떠올리게 한다. 실제로 에리히 프롬은 그렇게 말한다. 모든 기술에 요구되는 '훈련'이 사랑에도 필요하다는 것이다. 게다가 사랑의 훈련은 다른 기술 훈련과 달리, 전 생애를 통해 이루어진다.

이런 설명은 '사랑'에 대한 우리의 기존 관념과 차이가 있다. 우리는 사랑이 감정이라고 생각한다. 따로 배우지 않아도 횡재를 하면 기분이 좋고, 손해를 보면 기분이 나쁜 것처럼 말이다. 하지만 프롬의 설명은 조금 다르다. 그는 사랑이 '각자의 개성

 남들 다 챙겨도 내 마음은 챙긴 적 없었다

을 존중한 상태에서의 합일로, 서로에 대한 지극한 관심에서 시작되어 그 관심을 놓지 않겠다는 약속과 그것을 지키려는 노력'이라고 말한다. 그에 따르면 사랑은 단순한 감정이 아니라, 인간이 살아가며 느끼는 실존적 문제의 해답이다. 그렇기에 실천을 통해 체험하고, 그 가치를 몸소 찾아내어 느껴야 하는 것이다. 나 자신을 이해함으로써 너를 이해하고, 너를 이해함으로써 나 자신을 이해하고, 그 가운데 삶이란 무엇인지 이해하게 된다. 이 과정에서 사랑은 충만해진다.

프롬은 이처럼 사랑에 관한 연구에 열정적이었다. 《사랑의 기술》 출간 50주년 기념판에 수록된 프롬의 제자가 쓴 글을 보면, 프롬의 삶이 얼마나 사랑으로 인해 괴로웠고 충만했는지 짐작할 수 있다. 부모의 부부관계는 프롬의 삶과 사랑에 매우 큰 영향을 미쳤다. 아버지의 불안과 어머니의 자아도취적인 사랑이 그를 얼마나 혼란스럽게 했는지, 실패한 연인과의 관계에서 그가 부모에게서 받지 못한 사랑을 찾으려고 얼마나 애썼는지, 그리고 마침내 그 수렁에서 벗어났을 때 그가 무엇을 느꼈는지를 읽다 보면, 프롬의 마음에 조금 공감이 되는 것 같다. 진정한 사랑을 찾고 그 관계에 오랫동안 헌신한 그였기에, 이런 깊이 있는 이론을 쓸 수 있었고 그래서 더 많은 사람에게 공감을 얻지 않았을까.

선우 씨는 사랑을 믿지 않는 사람이었다. 물론 연애할 때 소소한 기쁨과 설렘을 느끼긴 했지만 상대를 믿고 의지한다는 것이 무엇인지 잘 알지 못했다. 그래서인지 겉으로는 매우 안정적인 사람처럼 보였다. 그의 너그러운 성품에 아내는 안정감을 느끼고 그에게 자주 기대며 의존하곤 했지만, 반대로 선우 씨는 아내에게 의존한 적이 별로 없었다.

애초에, 선우 씨에게 의존이란 매우 낯선 일이었다. 선우 씨가 어릴 때부터 홀로 아들을 키운 어머니는 늘 바빴고, 그래서인지 하나뿐인 아들에게 감정적으로 자주 기댔다. 남편에게서 얻을 수 없었던 사랑을 아들에게 받고 싶은 것처럼, 어머니는 선우 씨에게 기대하는 것이 많았다. 선우 씨는 그런 어머니의 기대에 곧잘 부응하는 착한 아들로 자랐다. 그에게는 어머니가 준 역할을 잘 수행하고 무탈하게 하루하루를 살아가는 것이 매우 중요했다. 그렇지 않고 갈등을 빚으면, 그것을 감당하는 과정에서 의지할 수 있는 대상이 없었기 때문이다.

사람은 성장 과정에서 감당할 수 없는 감정을 다루는 방식을 배운다. 그러나 선우 씨의 경우처럼 그것을 가르쳐 줄 사람이 없거나 그럴 만한 환경이 아닐 때, 아이는 나름의 방식으로 난관을 극복하려 한다. 감정으로부터 도망치거나, 감정을 왜곡하는 등 감정으로부터 자신을 지키는 습관이 생기는 것이다. 이것을 방어기제라고 한다.

그러나, 이렇게 제멋대로 감정을 다루는 습관이 생긴 사람

     남들 다 챙겨도 내 마음은 챙긴 적 없었다

은, 성인이 되어 그런 습관이 필요 없어지거나 때론 방해가 되는 순간에도 거기에서 벗어날 수가 없다. 하루 종일 갑옷을 입은 것처럼 불편하지만, 그것을 벗을 때 겪게 될 상황이 불안해 갑옷을 놓지 못하고 무기력해지는 것이다.

어쩌면 선우 씨 역시 어머니와의 갈등을 피하기 위해 의존 욕구를 억제하고, 왜곡된 사랑에서 벗어나기 위해 사람에게서 거리를 두며 곁을 주지 않는 사람이 된 게 아닐까? 그러다 보니, 결혼이라는 관계가 자신에게 의존과 사랑을 강제할 것 같아 갑갑하고 불안해진 게 아니었을까? 하지만 그럼에도 선우 씨는 결혼을 선택했다. 그것은 단순히 떠밀려서가 아니라, 더 이상 결핍된 채로 살고 싶지 않은 그의 또 다른 욕망의 표현이었을 것이다. 이제 그는 두려움에 맞서 한 걸음 더 나아가야 했다.

사랑이란 삶을 진정으로 살아가는 일

에리히 프롬의 글을 읽다보면, '사랑으로 충만해진다'는 것이 무엇인지 조금은 알 것 같다. '인내', '정신 집중', '최고의 관심'과 같은 단어가 '사랑'이라는 낭만적인 단어와 짝을 이룬다는 것이 좀 어색해 보이기도 한다. 그러나 직접 내용을 읽어보면 실은 그 과정이 얼마나 따뜻하고 다정한지, 그러한 순간들로 채워진 관계는 얼마나 빛나고 아름다울지 상상하게 된다.

분명 우리의 감정은 잘 변한다. 처음 만나 설레던 감정은 시간이 갈수록 덜해져 그것이 때로는 차분한 안정감으로, 때로는 지루한 일상의 반복으로 경험될 수 있다. 좋기만 했던 그가 너무 밉고 때로 서운함이 폭발하는 순간 스스로 비참해지는 기분을 느끼며 우울해질 때도 있다. 해내야 하는 일이 많고, 현실이 팍팍하게 느껴질수록 관계에서의 사소한 갈등이 버겁고 갑갑하게 느껴질 수도 있다. 그럼에도 누군가에게 온전한 나로 존중받을 수 있다는 것이, 누군가가 나를 지극한 관심으로 바라봐 주고 나 역시 누군가의 삶에 기꺼이 참여할 수 있다는 것은 이루 말할 수 없는 값진 경험이다. 그렇게 깊이 연결된 관계라면 힘들 때 기대고 그런 가운데에서도 자기를 잃지 않는 일이 얼마든지 가능하지 않을까? 사랑을 한다는 것은 평생에 걸쳐 배우고 또 익히는 일인 것이다. 우리는 사랑을 위해 살고 사랑으로 인해 살아간다. 이렇게 말하고 보니, 사회철학자가 사랑에 대한 글에 평생을 바쳤다는 것이 자연스럽고 당연하게 느껴진다.

   남들 다 챙겨도 내 마음은 챙긴 적 없었다

Part 3

부정적인 감정도
내 편으로 만들어라

✳ 참아서 해결되는
감정은 없다

직장생활이 너무 괴로워요

회사에서의 스트레스는 다양하다. 업무량이 많거나 업무가 적성에 맞지 않는 등 '일에 관한 문제'일 때도 있고, 함께 일하는 상사 혹은 동료와의 관계에서 벌어지는 '사람에 관한 문제'일 때도 있다. 이 두 가지는 꼭 따로따로 일어나기만 하는 건 아니며, 오히려 복합적으로 얽혀 감당할 수 없는 스트레스를 낳기도 한다.

미령 씨의 첫인상은 공포에 질린 아이 같았다. 회사에 입사한 지 2년쯤 되었는데, 그중 1년은 코로나 팬데믹과 맞물려 재택근무로 일한 참이었다. 그러다 다시 사무실로 출근해야 하는 시점이 되자, 참을 수 없는 괴로움이 시작되어 상담실을 찾은 것이다. 아침에 눈을 뜨자마자 회사에 가기 싫다는 생각으로 시작해, 어찌어찌 겨우 출근을 마쳐도 한나절 동안 불편한 마음으로 보내는 것이 여간 힘든 일이 아니었다.

"제가 원래 사회성이 부족한 편이긴 해요"라고 미령 씨는 말했다. 하지만 의아한 점이 있었다. 팬데믹 전에는 이 정도까진 아니었다는 것이다. 학교도 잘 다녔고, 면접도 잘 통과해 1년 동안 열심히 회사를 다녔던 그녀였다. 그런데 왜 하필 이 시점에 적응이 어려워진 것일까?

미령 씨는 위축된 기분이 들었다고 말했다. 입사 후 1년까지는 신입사원이라며 챙겨주는 사람들이 많아 그럭저럭 잘 지내왔지만, 2년 차가 되어 업무도 어려워지고 후배도 생기게 되어 부담이 커진 모양이었다. 또한 재택근무 환경에서는 사무실에서처럼 모르는 것을 바로바로 물어보고 처리하기도 어려워, 혼자 헤매다가 부정적 평가를 받는 일이 많아졌던 것도 그녀의 자신감을 꺾은 계기가 된 것 같았다. 결국 미령 씨는 업무가 계속 쌓이고, 실수할까 봐 걱정되는 상황에서 불안을 털어놓을 사람도 없이 혼자 견뎌야 했다. 보호받는다는 느낌 없이 압박감과 불안을 느껴 업무 성과가 낮아지자, 미령 씨의 마음속에서는 스스로에 대한 부정적인 평가가 늘어갔다. '나는 쓸모없는 사람이고, 회사의 누구도 나를 반기지 않을 것'이라는 생각이 든 것이다. 이것이 미령 씨가 사무실 출근을 두려워하는 가장 큰 이유인 모양이었다.

     남들 다 챙겨도 내 마음은 챙긴 적 없었다

물론, 이것은 회사의 객관적인 입장이 아니라 미령 씨의 주관적인 생각이었다. 그렇다면 미령 씨는 어쩌다 그런 생각에까지 이르게 된 걸까? 회사에 있는 자기 모습을 설명하던 미령 씨는, 문득 중학교 시절을 언급했다. 아버지의 갑작스러운 해외 발령으로 전학을 가게 되었는데, 말도 잘 통하지 않는 낯선 교실에서 어쩔 줄 몰라 했던 그때와 비슷한 기분이라면서 말이다. 넓진 않았지만 깊었던 교우 관계도 뒤로 하고, 바쁜 가족들에게 의지할 수도 없이, 주변의 높은 기대에 부응해야 했던 그녀는 압박감을 먹는 것으로 풀었다고 했다. 그럴수록 점점 살이 쪘고, 사춘기였던 그녀는 '아무도 자신을 반기지 않는다'라는 강렬한 느낌을 받았던 것이다.

청소년기의 경험은 평생 간다

인간관계에 관해 상담하다 보면 이처럼 가족과의 관계, 힘들었던 학창 시절 등 과거의 상처와 자연스럽게 만나게 된다. 왜냐하면, 과거의 수많은 경험이 모두 모여 현재의 '나'라는 정체성을 이루고 있기 때문이다. 개개인의 삶은 그 자체로 모두 다르고 특수해서, 문제와 해결책을 단순화하기 어렵다. 하나하나 되짚어가며 입체적으로 살펴보는 과정을 통해 현재의 문제에 관한 해결책도 떠오르기 마련이다.

실제로 정신분석가 테오도르 제이콥스Theodore J. Jacobs는 〈청소년기 신경증에 관하여On the Adolescent Neurosis〉라는 논문에서, 청소년기 갈등이 성인기에 미치는 영향에 관해 연구했다. 이 논문에서 제이콥스는 "청소년기 경험이 인생의 형태와 색깔을 결정해 앞으로의 삶을 크게 좌우한다"라고 강조하며, 그 영향은 유아기 부모와의 상호작용만큼이나 강력하다고 말한다. 특히 그는 청소년기의 인간관계 갈등을 '청소년기 신경증adolescent neurosis'라고 부르기도 했는데, 이것이 단순히 유아기에 겪은 부모와의 문제가 재현되는 것이 아니라 청소년기에 겪게 되는 고유하고도 새로운 문제라고 보았다. 그만큼 그는 청소년기의 문제를 중요하게 보았고, 이를 가볍게 다뤘다가는 마음의 치유 역시 어려워진다고 주장했다.

사실 이론의 힘을 빌리지 않더라도, 청소년기가 매우 중요한 시기라는 걸 우리 모두 느껴 본 적 있다. 그도 그럴 것이 처음으로 누군가를 사랑하고, 거절당하고, 자신 없어지는 질풍노도의 시기가 아니던가. 제2차 성징이 시작되고, 또래 관계가 중요해지며, 관계 안에서 자기 정체성을 찾아가는 시기이기에 이때의 갈등 역시 크고 중요한 의미를 지닌다. 이러한 혼란의 시기를 어떻게 넘기는지에 따라 성인기 사회적응 역시 커다란 영향을 받는다. 실제로 제이콥스의 논문에 등장한 어떤 중년 여성은, 현재의 문제를 치료하던 중 잊고 있었던 15살 무렵의 경험을 떠올린다. 당시 그녀는 성적 트라우마를 겪은 뒤 수치심, 두

 남들 다 챙겨도 내 마음은 챙긴 적 없었다

려움, 죄책감에 휩싸여 자신을 방치했는데, 이로 인해 또래 관계에서 소외되며 겪었던 상처가 성인기에도 고스란히 재현되고 있었다.

미령 씨의 청소년기도 크게 다르지 않았다. 낯선 언어 사용으로 인한 좌절을 '말도 못하는 바보'로 인식하며 자신을 한없이 못난 존재로 여겼으며, 과체중으로 인한 자기혐오에 시달려 아무도 자신을 좋아하지 않을 것이라 체념했다. 그 결과 자연스러운 관계 형성 욕구를 스스로 틀어막게 되었으며, 명백히 가해자가 있는 괴롭힘의 상황에서도 화를 내지 못하고 어른에게 도움을 요청할 생각도 하지 못했다.

미령 씨는 이때의 아픔을 제때 떠나보내지 못하고 가슴 한쪽에 억눌러 두는 게 고작이었다. 그리고 이는 지금의 미령 씨에게도 영향을 미쳐, 작은 좌절을 큰 공포로 느끼도록 부추겼다. 긍정적인 생각보다는 부정적인 생각이 더 빠르게 그녀를 압도한 나머지, 결국 제 발 저리듯 고립을 선택하게 된 것이다.

회복의 기회는 언제나 있다

하지만 미령 씨의 회사 생활에 부정적인 순간만 있는 것은 아니었다. 책임을 떠넘기는 못된 상사도 있었지만, 돌아보면 그럴 때마다 그녀를 응원하고 도와주는 선배도 있었다. 미령 씨의 동기들도 그녀처럼 긴장하고 실수하는 것은 다 비슷했다. 미령 씨에게 필요한 것은 바로 이런 사실을 깨닫는 것이었다. 일상의 작은 실수나 사소한 부정적 평가를 객관적으로 받아들이고, 동시에 관계에서의 좋은 경험을 상기시키며 그런 순간을 늘려 가는 것이다.

가끔 어린 시절의 상처로 현재의 문제 증상을 단순하게 해석하는 경우를 보게 된다. '부모의 부부 관계가 좋지 않아서 나도 연애를 할 수 없다', '부모와의 애착이 불안정해서 친구를 깊이 사귈 수 없다' 등의 이야기를 하다 보면 무기력한 상태에 빠지기 십상이다. 과거를 바꿀 수는 없으니 말이다. 지금 부모를 원망해봤자 나만 괴로운데, 상담에서 화내는 과정이 대체 무슨 소용인가 싶어 기운이 빠질 수도 있다.

그럼에도 상담에서 과거의 기억을, 어린 시절의 가족과의 관계를 다루지 않을 수는 없다. 타고난 본성이 환경과 만나 변화되는 과정을 탐색해야, 지금 활용할 수 있는 변화의 여지를 찾을 수 있기 때문이다. 즉, 현재를 위해 과거를 돌아보는 것이다. 이때 과거의 상처들을 말로 표현하며 괴로움을 다시 느끼고 화를 내며 슬피 우는 과정도 필요하다. 그렇게 하지 않는다고 그 사건이 사라지지 않기 때문이다.

화를 표현하지 않는다고 화가 풀린 것이 아니다. 슬피 울지 않는다고 슬픔에서 벗어난 것이 아니다. 대체로 제대로 표현되는 과정을 거쳐, 그리고 누군가와 함께 그 감정을 공유하는 경

　　　　　　　　남들 다 챙겨도 내 마음은 챙긴 적 없었다

험을 통해 괴로움에서 벗어나 새롭게 한 발 내딛게 된다. 그러한 민음으로 개개인은 자신의 발달 과정을 이해하고 그 사건들 사이의 감정들과 교감하며 새로운 통찰로 나아갈 수 있다. 이 과정에서 가장 중요한 것은, 우리는 모두 여전히 성장하는 중이며 회복의 기회는 언제나 있다는 것이다. 상처 입은 경험을 사라지게 할 수는 없지만, 그것을 돌보면서 내 삶에 깊이를 더할 수는 있다. 그러기 위해서는 일상의 사소한 경험을 통해 단단한 자부심을 쌓아 올려야 한다. 기억하자. 삶이 우리에게 한 방 역전의 기회를 주지는 않더라도, 작은 변화의 기회는 생각보다 많이 준다는 것을.

✶ # 인생의 고삐를 타인에게
넘겨주지 마라

좋아하는 일을 하고 싶지만 걱정이 돼요

대학 상담실에서 일할 때, 진로 상담만큼은 자신이 있었다. 오랜 방황 끝에 상담사라는 직업을 선택해 내가 좋아하는 일을, 내가 잘할 수 있는 일을 하고 있다는 것에 대한 자부심이 있었기 때문이다.

사실 나는 20대 중반, 대학을 졸업한 후에도 내가 정말 하고 싶은 일이 무엇인지 갈피를 잡지 못했다. 많은 일을 전전하며 명함의 개수는 늘어났지만, 그만큼 수치심도 커졌다. 조금 더 나를 남들 앞에 드러내고 싶지만, 한편으로는 뒤로 숨어버리고 싶은 복잡한 감정이었다. 수치심을 느꼈던 이유 중에는 당시 내가 선택했던 직업들이 서로 관련성이 없다는 것도 있었다. 언론 고시 준비를 하다가 역사학자가 되겠다고 대학원 진학 계획을

　　　　　　　남들 다 챙겨도 내 마음은 챙긴 적 없었다

세운다거나, 더 거슬러 올라가서는 회계사가 되겠다고 경제학 복수전공을 위한 필수과목을 수강했다가 포기하기도 했고, 외무고시를 보겠다고 책을 다 사들였다가 도서관에 앉아 몰래 울기도 했다. 지금 생각하면 그 짧은 시간 동안 내 마음이 얼마나 혼란스럽고 또 조급했나 싶어 안쓰럽지만, 그때는 그런 내가 정말 싫었다. 만약 그때의 내가 '진로 문제로 고민하는 것은 당연한 과정이며, 내 생각보다 수많은 요소가 얽혀 있는 복잡한 문제'라는 것을 이해했다면, 나 스스로를 조금 덜 미워했을 텐데 말이다.

곧 입사 3년 차가 되는 진영 씨도 비슷한 고민을 겪는다고 했다. '일단 3년만 버티자'라는 심정으로 입사 초 힘든 고비를 넘어왔는데, 막상 그 시기가 되자 초조해졌다. 가장 힘든 점은 일이 적성에 맞지 않는다는 것이었다. 그러나 매달 받는 월급을 생각하면 쉽게 그만두기도 어려웠다. 이직을 할까 고민도 해봤지만, '더 좋은 조건으로 비슷한 일을 한다면 과연 행복해질 수 있을까?'라는 질문 앞에선 자신이 없었다. 자신이 원하는 게 무엇인지 차분히 생각해보기에는 매일의 일상이 너무 바빴고, 그렇다고 일을 그만두고 미래를 고민하는 건 너무 불안했다. 이러지도 저러지도 못하고 하루하루를 보내던 진영 씨는 언젠가부터 심한 무력감에 시달리고 있었다.

진로 탐색은 어떻게 이루어질까?

다행히 요즘은 이전보다 진로 탐색하기에 유리한 환경이라고들 한다. 초등학교에서 성격유형 검사를 하고, 중학교에서는 진로 과목을 개설하여 진로 관련 검사도 자주 실시하니 말이다. 실제로 성인이 된 내담자와 과거 진로 탐색 검사 결과를 떠올리며 이야기를 나눌 때도 있는데, 확실히 유용한 면이 있다.

그러나 기계적으로 검사를 하고 그 결과만으로 한 사람을 판단하는 일은 의미가 없다. 진로 검사를 아무리 해도 그 결과를 제대로 활용하지 못하는 이유는 검사 결과의 의미를 나의 삶과 연결해서 이해하는 과정이 없기 때문이다. 이를 위해서는 검사 결과와 관련한 내 삶의 기억을 떠올리고 언어로 표현하는 과정이 필요한데, 이처럼 일괄적으로 시행되는 검사에서는 시간적 한계로 인해 그러한 과정을 단축하는 경우가 많다. 이런 식의 검사는 시간만 버리고 자신에게 낙인 효과만 추가하는 꼴이 될 수 있는데 말이다.

그렇다면 진영 씨의 진로 탐색은 어디서부터 시작해야 할까? 우선 현재의 일에서 진영 씨가 느끼는 불만이 무엇인지를 명확히 할 필요가 있다. 동료들과의 관계 때문인가, 아니면 일 자체에서 경험하는 좌절 때문인가? 후자라면 그것은 현재의 직장 내에서, 혹은 현재의 직무 내에서 해결할 수 있는 것인가? 아

     남들 다 챙겨도 내 마음은 챙긴 적 없었다

니면 직장을 옮기거나 직무를 바꿔야 하는 것인가? 이 과정을 통해 일이 내 적성에 맞지 않는다는 생각이 명확해졌다면, 그때부터 지금의 직업 선택의 과정을 역순으로 탐색해 보는 것이 좋다. 나는 왜 이 회사에 입사하게 되었는가? 취업을 준비하는 시간은 어떠했는가? 실은 다른 것이 하고 싶었다면 그것은 무엇이었고, 그 선택에서 멀어진 이유는 무엇인가?

대체로 이 과정에서는 현실적인 문제들, 주변 사람들의 조언을 듣기 마련이다. 이로써 내게 중요한 사람이 누구인지도 알 수 있고, 그의 말이 내 삶에 어떤 영향을 미치는지도 파악할 수 있다. 때로는 내 마음인 것 같았지만 실은 그렇지 않았다는 것도 발견할 수 있다. 그렇게 내 마음에 더 가까이 다가가는 과정에서 희미하게나마 나의 흥미를 찾을 수 있다면 다행이다. 그리고 그 흥미에 대한 확신이 있다면, 현실적으로 아주 무모한 도전이 아닌 한 실제로 계획을 세우는 단계에 돌입할 수도 있다. 물론 현실적인 타협이 필요하겠지만 말이다. 그뿐만 아니라 직업이 아닌 다른 것에서, 나의 흥미의 여러 모습을 확인하고 의욕을 찾을 수도 있다.

좋아하는 일을 하기 어려운 진짜 이유

문제는 좋아하는 일에 대한 확신이 없는 경우다. 많은 내담자가 "좋아하는 일을 직업으로 하면 흥미가 떨어진다고 해

요", "좋아하는 일은 돈벌이가 안 돼서 직업으로 선택할 수 없어
요" 등의 이야기를 털어놓는다. 하지만 이 이야기를 계속 이어
가다 보면, 그 끝에는 상처 입은 과거의 내가 웅크리고 있는 경
우가 많다.

내가 원하는 것은 중요하지 않다거나 심지어 옳지 않다는
잘못된 믿음으로 내 욕구를 지워버린 채 오랜 세월을 살아온 경
우, 혹은 무언가를 원할 때마다 방해받은 기억이 있는 경우, 자
신이 무엇에 흥미를 느끼는 사람인지 잘 알지 못한다. 흥미란
자극받으면 자극받을수록 더 커지기 마련이다. 한 분야에 관심
을 가지는 만큼 그것에 대한 호기심도 자라고 능력도 자란다.
그렇게 능력이 자랄수록 더 큰 성취감을 얻을 수 있고, 성취감
을 느끼는 만큼 더욱더 그 일이 좋아진다. 자신의 흥미 분야를
모른다는 것은 이러한 선순환을 놓치고 마는 것이다.

진영 씨는 기질적으로 예민한 편이라, 무언가를 시도하기보
다 괜찮을지 의심하며 물러서기를 잘했다. 조심성 있는 성격 덕
에 큰 실패 없이 순탄한 삶을 살 수 있었지만, 때로는 삶이 너무
재미없게 느껴지고 자주 무기력해졌다. 그러다 어느 순간 충동
적으로 선을 넘었다가 죄책감에 다시 위축되는 식이었다.

기질과 더불어 부모님의 영향도 컸다. 늘 안전을 강조하는
분위기에서 진영 씨는 오랫동안 과잉보호를 받아왔다는 것을
뒤늦게 깨달았다. 내가 하는 일이 옳다는 확증 없이는 쉽사리

     남들 다 챙겨도 내 마음은 챙긴 적 없었다

시작할 수 없었던 마음 이면에는, 성인이 될 때까지도 좀처럼 사라지지 않았던 부모님의 커다란 보호막이 있었다는 것을 알게 되자 진영 씨는 순간 숨이 막히는 듯한 답답함을 느꼈다. 어쩌면 지금의 불행한 느낌은, 부모님 때문에 숨이 막힌다고 한 번도 표현해 보지 못한 상태에서 느껴지는 답답함 때문이 아니었을까?

기질적으로 불안이 높은 아이에게는 그 불안을 다독이며 '괜찮다'라고 말해줄 안전기지가 필요하다. 아니, 모든 아이들이 그렇다. 아이들은 '다시 돌아갈 수 있는 안전기지'가 있을 때 더 자신감 있게 호기심을 유지하며 낯선 세상을 탐험할 수 있다. 자신의 모든 감정들을 품어주는 누군가가 있을 때, 무서워 도망치더라도 안길 대상이 있을 때 비로소 아이는 또다시 한 발 내딛을 수 있다. 다만 기질적으로 불안이 높다면 남들이 한 번 도망칠 때 두 번 도망치겠지만, 그것이 잘못된 것은 아니다. 그저 그만큼 두 번 안정시켜줄 누군가가 필요한 것이다.

하지만, 이럴 때 양육자가 더 불안해한다면 어떤 일이 일어날까? 아이가 불안을 느낄 때, 그것은 양육자에게도 반영된다. 다만 여기서, 양육자가 아이의 불안을 '반영Mirroring'한다는 것은 아이가 스스로 이해하고 감당할 수 있을 만한 크기의 불안으로 전달하는 것을 뜻한다. 즉, 아이의 감정을 공감하되 공포에 휩싸이지 않도록 양육자가 대신 소화하여 전하는 과정이 필요한 것이다. 이때 양육자가 아이와 똑같이 불안을 느끼거나 자신의 불안을 더해 아이에게 감당할 수 없는 감정을 전달하게 될 때, 아이의 불안은 더 커지게 된다. '뭐가 그렇게 무섭냐?'라는 식으로 감정을 부정당하는 것도 상처이지만, '어떡해! 큰일 났다!'라는 식으로 공포에 공포를 얹는 것도 상처가 될 수 있다. '무섭구나, 그래 무섭지, 괜찮아'라며 아이와 아이의 공포 모두를 끌어안는 것이야말로 정말로 안전한 양육자의 품이다.

다행인 건, 성인이 되어서도 우리는 계속해서 새로운 관계를 맺고 그 안에서 안전기지를 만들고 세상에 나아가기를 반복하며 성장한다는 것이다. 어린 시절 불안에 떨며 미처 계발하지 못한 어떤 면들을 살아가면서 계속해서 찾으면 된다. 그래서 진로 상담은 평생 필요하다. 우리는 계속해서 성장하고 우리의 흥미 역시 변화할 수 있는 것이다.

이처럼 진로 문제는 결코 단순하지 않다. 직업을 선택하는 일은 '무엇으로 내 입에 풀칠하고 살 것인가?'의 문제이기도 하고, 때로는 '우리 가족을 먹여 살리는 일'을 고민하는 일이기도 하며, 그것이 아니더라도 일을 통해 사람들에게 나를 증명해야 하는 부담감을 받아들이는 일이기도 하다. 이처럼 복잡한 문제이기에, 진로 고민에서는 생계, 독립, 가족관계 등과 관련되어 묵혀둔 문제가 터지기도 한다. 이를 해결하고 봉합하는 과정에서 자아실현이라는 힘든 과제가 진행되는 것이다.

문제는 이 긴 여정을 받아들이기엔 우리 사회가 너무 치열하고 경쟁적이라는 것이다. 마치 불안해하는 아이에게 더 큰 불안을 떠넘기는 엄마처럼, 우리 사회 전체가 개인의 불안을 담아주기보다 오히려 조장하는 병리적인 양육자와 닮았다.

칠레의 정신분석가 후안 플로레스Juan Flores가 어느 국제학술대회에서 남긴 말이 떠오른다. 그는 사회가 불안정해지며 심리적으로도 불안과 관련된 병리가 점점 더 많아지고, 그로 인해 개인들은 자기의 신념을 잃고 근본주의에 기대게 되며, 그로 인해 사회가 병들어 간다고 말했다. 다시 말해 모두가 지켜야 하는 거대 규율이 사실상 사라진 오늘날, 개인은 자유로워진 만큼 그에 대한 불안으로 더욱 심한 강박을 겪으며, 틀 안에 자기를 가두고 개성을 잃어간다는 것이다. 그럴수록 정해진 삶의 틀에 따라 낙오되지 않으려는 사람들 사이의 경쟁은 점점 치열해지고, 여기에서 탈락한 약자들에 대한 혐오가 더욱 짙어진다.

이 이야기를 들으며 우리나라의 진로 문제를 떠올리지 않기란 어려운 일이었다. '좋은 대학에 가서 돈을 많이 벌 수 있는 직업을 얻는 일' 앞에선 개인의 흥미나 가치관은 무력하기 그지없으니 말이다. 내가 고등학생일 때만 해도 지금 같지는 않았다는 생각이 들기도 한다. 어쩌면 내가 꼰대가 된 탓일지도 모르겠지만 말이다. 아무튼 분명한 건, 지금의 현상에 대한 책임은 지금의 어른들에게 있다는 것이다. 그렇기에, 이러한 '불안을 적절하게 반영해주는 사회'를 만들 책임 역시, 우리 어른들에게 있는 것 아닐까.

 남들 다 챙겨도 내 마음은 챙긴 적 없었다

일어나지 않은 일을
미리 걱정하지 마라

자꾸만 무언가를 해야 할 것 같아요

기업 부속 상담실에 근무할 때, 임직원들을 위한 명상 프로그램을 운영한 적이 있었다. 이를 위해 매년 상담사들은 명상 연수를 다녀와야 했다. 나는 그 시간을 참 좋아했다. 개인적으로 관심 있는 분야이기도 했고, 짧은 명상만으로도 생각보다 많은 사람이 도움을 얻는다는 것에 보람을 느꼈다. 바쁜 사람들이 잠시 일상을 멈추고 자신을 돌보며 에너지를 회복해 더욱 활기찬 인생을 살아가는 모습을 보는 것도 좋았다. 하지만 이와 동시에, 상상 이상으로 많은 사람들이 휴식하는 방법을 잘 모른다는 사실, 그래서 의도적으로 '쉬는 연습'까지 해야 하는 시대가 되었다는 사실에 조금 씁쓸한 심정이 들기도 했다.

나를 포함한 많은 이들이 회사 업무를 비롯한 각종 사회생

활에 허덕인 것은 절대적인 일의 양 때문만은 아니었다. 쉴 때
도 머릿속에서 회사 생각을 내려놓지 못하니, 하루 종일 부담감
에 짓눌려 있는 것과 다를 바 없었던 것이다.

과거에 대한 후회와 미래에 대한 불안으로 인해 생각이 많
아지면, 이런 불안을 잠재우기 위해 해야 할 것들은 점점 더 많
아졌다. 대학 입시에 실패한 것에 대한 후회가 다시는 실패하지
않겠다는 다짐으로, 이를 위해 더 열심히 자기 계발을 해야 한
다는 당위로 이어지는 식이다.

그런 불안 때문인지, 소연 씨의 다이어리는 늘 빼곡했다. 처
음 만난 자리에서 그녀는 자신의 MBTI 유형을 언급하며, 계획
세우는 걸 좋아하는 성격이라고 소개했다. 그녀가 스스로 느끼
기에, 계획 세우는 습관 자체는 문제가 되거나 불편하지 않았
다. 다만, 계획을 지키지 못해 실패 경험이 쌓이는 것은 피하고
싶다고 말했다. 계획을 지키지 못하면 자꾸만 위축되고 우울해
지며, 이와 같은 상황이 반복되면 나중엔 계획을 세울 힘조차
없어질까 봐 두렵다는 것이었다.

실제로 그녀는 몇 년 전, 극심한 우울 증상으로 아무것도 하
지 못한 채 시간을 허비한 경험이 있었다. 스스로가 너무나도
한심하게 느껴졌지만, 무언가를 다시 시도하겠다는 계획을 세
울 감정적인 여유조차 없었던 시기였다. 그런 아픔을 겪으며 그
녀가 깨달은 건, 계획이 없는 삶이란 미래에 대한 불안감 속에

   남들 다 챙겨도 내 마음은 챙긴 적 없었다

서 자신을 비관하고 자책하기만 하는 비참 그 자체라는 사실
이었다.

그런 그녀에게 계획을 세운다는 건 단순한 성격유형의 문제
가 아니었다. 그녀에게 계획이란 우울을 피하는 길이었고, 자신
감을 찾는 일이었으며, 불확실한 삶 속에서 찾아오는 공포를 피
할 수 있는 안전지대였다.

모모와 시간도둑 이야기

시간을 잘게 쪼개서 효율적으로 써야만 한다는 소연 씨
의 이야기를 들으면서, 독일 작가 미하엘 엔데가 쓴《모모》라는
동화가 생각났다. 신비로운 소녀 모모는 마을 사람들의 이야기
를 잘 듣는, 모든 생명체의 이야기에 귀를 기울일 줄 아는 특별
한 재능을 갖고 있었다. 사람들은 모모가 원하는 바를 존중해
혼자 살 수 있는 공간을 마련해주고, 매일 같이 모모의 집을 찾
아와 먹을 것을 주는 등 마을 전체가 모모를 함께 돌보았다. 동
시에 어떤 말이든 잘 들어주는 모모에게 찾아와 자신의 이야기
를 털어놓고 위로를 받았으며, 때로 모모는 두 사람 간 갈등의
중재자 역할을 하기도 한다. 모모와 함께 있을 때 아이들은 자
유롭게 상상하며 신나게 놀 수 있었다.

그렇게 평화롭고 소박했던 마을은, '회색신사'라는 인물의
등장으로 변한다. 회색신사는 자신이 시간에 대해 잘 알고 있다

며 사람들을 속여 시간을 저축하라고 부추겼다. 이후 사람들은 시간을 낭비하기만 했던 그간의 삶에 대해 후회하며 시간을 모으기 위해 바삐 살아간다. 예컨대 8시간 걸릴 일을 5시간 만에 끝내고, 3시간은 저축하는 식으로 말이다. 이제 마을 사람들은 일도 빨리 해치워 버리고, 책도 빨리 읽어 버리고, 밥도 빨리 먹어버린다. 그들에게 여유는 사라진 지 오래고, 오히려 지금까지 허비한 시간을 아까워하며 한시도 쉬지 않는다. 당연히 모모에게 찾아갈 시간도 내지 않는다. 생산적인 활동 외의 모든 일은 가치 없는 것이 되어 버렸기 때문이다.

회색신사는 마을 사람들의 살아온 나이를 초로 환산하여 보여 준다. 그리고는 마을 사람들이 지금까지 밥을 먹고, 일하고, 가족을 보살피고, 앵무새를 돌봐 온 시간을 역시 초로 환산하여 거기서 뺀다. 그 결과는 당연히 0이다. 나이란 곧 살아온 시간의 총합이기 때문이다. 그런데 회색신사는 이를 '모아둔 것 없이 탕진'했다고 표현하며, 사람들의 죄책감을 불러일으킨다. 그 결과 사람들은 앞으로라도 시간을 아껴야겠다며 불안해하고, 스스로 자신들이 지켜 온 여유로운 생활을 포기하기 시작한다. 사실은 회색신사가 그들에게서 주변을 돌아보고 자신을 돌볼 여유를 빼앗은 셈인데 말이다.

회색신사에게 속아 넘어간 마을 사람들의 모습에서, 소연 씨의 모습이 엿보이는 것 같았다. 소연 씨는 부모님에게 '시

　　　　　　　　　　　남들 다 챙겨도 내 마음은 챙긴 적 없었다

간을 잘 써야 한다'는 말을 자주 들었다고 했다. 어려서부터 워낙 여러 학원을 다녀야 했던 터라, 시간을 잘게 쪼개고 이동 시간을 계산하며 끼니를 대충 때우는 일에 익숙했다. 주어진 모든 시간을 효율적으로 쓸 수밖에 없었고 그것이 당연하다고 여겼다. 정해진 스케줄을 지키지 못한 날 그녀를 힘들게 했던 건 부모님의 핀잔이 아니라, 밀린 진도를 따라잡느라 스스로를 몰아붙이게 되는 상황이었다. 그것을 피하기 위해서라도 꼼꼼히 계획을 세워 정해진 시간을 엄수해야 했다. 친구들과 노는 일은 늘 우선순위에서 밀리고, 선택의 순간에는 무엇을 더 좋아하는지보다 무엇이 더 이득인지를 판단하며, 위험을 피하고 성취를 목적으로 달려가기만 했다.

그렇게 오랜 시간 살아왔기 때문일까? 그녀는 스스로 무엇을 좋아하는지, 어떤 삶을 원하는지 알 수 없었다. 그래서 갈수록 마음은 공허해졌다. 원하던 것을 얻었는데도 만족스러운 기분이 들지 않았다. 빼곡하게 계획을 세우면서도 계속해서 무언가를 빼먹은 것 같은 기분이 들었다. 그렇게 자꾸 무리한 계획을 세우고 결국 지키지 못하는 날들이 쌓이면, 그로 인한 죄책감을 풀고자 폭음을 하거나 과소비를 하는 등 충동적인 행동을 했다. 하지만, 그럴수록 급격히 더 우울해졌다. 도대체 어디서부터 잘못된 것인지 알 수 없었다.

현재를 충분히 살 수 있다면?

하버드 대학교 심리학과 교수로 '마음챙김의 어머니'로 불리는 엘렌 랭어는 《마음챙김》이란 책에서, '마음챙김과 창의적 불확실성'이라는 주제로 이야기한다. 마음챙김mindfulness이란 인도에서 명상 수행을 경험한 미국의 학자 존 카밧진Jon Kabat-Zinn이 이를 활용한 스트레스 관리 프로그램을 만들어 보급하면서 널리 알려진 개념이다.

랭어는 마음챙김을 '지금-여기here&now에 의도적으로 주의를 기울이는 자각훈련'이라고 정의한다. 이를 조금 더 설명하면 눈앞의 현재에 주의를 기울여 과도한 생각을 내려놓고 충분한 휴식을 취하는 기술이자, 현재를 잘 알아차리며 충분히 살게 하는 삶의 철학이라고 할 수 있다. 판단하지 않고 있는 그대로를 바라보고 수용할 때, 우리는 더 열린 마음으로 눈앞의 일과 관계에서 일어나는 문제를 대면할 수 있게 된다.

엘렌 랭어는 마음챙김과 그로 인한 여유가 실제로 우리 삶의 질을 높여, 건강하게 오래 살게 만든다는 사실을 여러 실험을 통해 설득력 있게 제시한다. 예를 들어 랭어는 같은 물건을 소개받은 두 집단을 비교한다. 한 집단은 그 물건에 대한 상세하고 빽빽한 설명을 들은 아이들이고, 다른 한 집단은 두루뭉술하고 간단한 설명을 들은 아이들이다. 해당 물건을 더 폭넓고 창의적으로 사용할 수 있는 아이들은 둘 중 어느 쪽이었을까? 정

   남들 다 챙겨도 내 마음은 챙긴 적 없었다

답은 바로 간단한 설명을 들은 사람들이었다. 설명은 조금 불충분하더라도 선택의 자율성을 보장받은 아이들이, 직관을 무시하고 이성을 따르도록 강요받은 아이들에 비해 불확실한 세상을 더 잘 살아갈 수 있다는 것이다.

삶은 불확실하다. 그 어떤 것도 100% 예측할 수 있는 것은 없다. 그렇기에 치밀한 계획으로 불안감을 없애고 정답을 찾아가는 식의 태도보다는, 불안함을 안고 변화에 대처할 수 있는 유연성을 기르는 태도가 더 중요하다. 이를 위해서는 눈앞의 일을 예측이나 판단 없이 그저 바라보고, 마음속에 떠오르는 직관에 주목하라는 마음챙김의 조언에 귀를 기울여야 한다. 회색신사의 엉터리 계산에 따라가지 않고, 내가 살아온 삶의 가치를 온전히 내 것으로 만들어야 하는 것이다. 뭐라도 해야 한다는 강박에 현재를 흘려보내지 않고, 순간순간의 가치를 있는 그대로 경험하며 삶을 충분히 즐길 수 있게 된다면, 우리는 좀 덜 지치고 좀 더 기쁘게 살아갈 수 있지 않을까?

하지만 이렇게 말하는 나조차도, 사놓고 읽지 않은 채 쌓아놓기만 하는 책을 바라보며 아쉬움과 자책의 마음이 꿈틀거린다. 독서 계획이 엉망이 됐다는 생각에 좌절스럽다. 이처럼 불안과 조급함을 이겨내기란 참 까다로운 일이다. 그럴 때, 나는 함께 사는 고양이를 본다. 고양이는 신기하게도 정해진 시간 없이 필요한 만큼만 먹고, 필요한 만큼 잔다. 이 글을 쓰는 동안에도 고양이는 느긋이 잠을 자다가 일어나 천천히 밥을 먹고, 햇볕이 드는 창가에서 한가로움을 즐기고 있다.

어쩌면 고양이의 이런 여유로운 모습이야말로 현재에 충실한 태도가 아닐까. 굳이 세세한 계획을 세우며 애쓰지 않아도, 필요한 만큼 혹은 할 수 있는 만큼만 하고, 안 되는 건 내려놓는 것이다. 책도, 일도 그렇게 대하면 더 좋을 것이다. 조급함 없이 천천히 실력을 쌓으며, 그 과정을 온전히 즐기고 흡수하는 삶. 다시 태어난다면 고양이로 태어나, 그런 삶을 평온하게 살아가고 싶다. 그리고 어쩌면, 회색신사의 달콤한 속임수에 보송보송한 앞발로 멋지게 한 방을 날리고 우아하게 다시 잠을 청할 수도 있을 것이다. 고양이라면 분명 가능할 것이다.

    남들 다 챙겨도 내 마음은 챙긴 적 없었다

오답을 골라 본 사람이 정답을 알아본다

그만두고 싶은데 미래가 걱정돼요

상담사가 인생의 대소사를 대신 결정해 주는 사람이 아님을 알면서도, 상담자도 내담자도 명쾌한 해답에 대한 갈망을 포기하기 어려울 때가 있다. 연애 문제에선 이 사람이 내 짝이 맞는지 바로 알고 싶고, 직장 문제에선 이 회사나 직무가 나와 맞는 것인지 정답을 찾고 싶다. 중요한 선택 앞에서 이러지도 저러지도 못하는 불안한 마음을 다독이고 이해하는 과정이 선행되어야 함을 알면서도, 해결책 없이 불안을 그대로 놓아둔다는 것이 상담자의 입장에서도 영 찝찝할 때가 있다. 그럼에도 우리는 모두 알고 있다. 내 인생의 문제를 나 대신 해결해 줄 사람은 없다는 것을 말이다. 나아가 상담자라면, 상담의 목표는 해결사가 되어 주는 것이 아니라 내담자가 스스로 선택할 수 있는 힘을 얻게 하는 것임을 너무나도 잘 알고 있다. 때로 긴 시간을 요하는 경험의 과정을 함께 버텨내야 한다는 것을 말이다.

상담실을 찾은 진하 씨는 한 달 전부터 회사를 그만두고 싶다는 생각에서 벗어날 수 없다고 말했다. 뚜렷한 사유가 있었던 것은 아니지만, 입사 이래로 크고 작은 스트레스가 누적되다 보니 언젠가부터 출근길 발걸음이 무거워진 것이다. 게다가 그런 마음으로 하루 종일 일을 하니 쉽게 지친다고도 했다. 무엇보다 진하 씨를 힘들게 한 것은 아쉬움이었다. 진하 씨는 취업 준비 기간이 다소 짧았던 터라, 좀 더 오래 고민하고 다른 시도를 해보지 못한 것에 대한 아쉬움도 컸다.

그렇다고 당장 그만두고 새로운 도전을 해보기에는 가진 것을 놓기가 망설여졌다. 일단 누구나 부러워하는 대기업이었고 그만큼 급여도, 직원 복지도 좋은 편이었다. 흔히 말하는 워라벨을 지키기에도 좋은 환경이라, 퇴근하고 나면 업무는 잊어버리고 그야말로 '저녁이 있는 삶'을 살 수도 있었다. 그러나 회사 일을 잊는다는 것은 말처럼 쉽지 않았다. 게다가 해결할 수 없는 불만을 늘 안고 있기에, 저녁이 있는 삶도 즐길 수 없었다. 불안하지만 도전을 통해 답답한 현실을 바꿔볼 것인가, 아니면 현실에 적응하기 위한 노력을 해볼 것인가. 진하 씨는 그런 갈림길 앞에 서 있었다.

  남들 다 챙겨도 내 마음은 챙긴 적 없었다

좌절을 견딘다는 것

상담은 이런 문제에 대한 해답을 대신 내려 주는 일이 아니다. 다만, 문제 앞에서 고민하고 갈등하는 자신을 돌아보고 이해하는 것을 도움으로써, 내담자에게 결정을 내릴 힘을 길러 주는 과정이다. 이를 조금 더 구체적으로 설명하기 위해, 정신분석가 윌프레드 비온Wilfred R. Bion의 이야기를 인용해 보자. 비온은 유아가 어떠한 과정을 통해 사고 능력을 키우게 되는지를 이론화하며, 환자를 성장시키는 분석가의 태도에 대해 강조하였다.

비온은 아기가 태어나서 경험하는 날 것 그대로의 감각과 정서를 '베타 요소beta element'로, 그것을 소화하여 수용하는 과정을 '알파 기능alpha function'으로 정의한다. 예컨대 어린아이가 느끼는 불쾌함이나 불안은 베타 요소이고, 이를 객관적으로 분석하고 사고하는 능력은 알파 기능이다. 그런데 이러한 알파 기능이 제대로 발달하기 위해서는, 그동안의 불안이나 불쾌감을 대신 받아낼 존재container가 필요하다고 비온은 말한다. 이는 바로 양육자다. 상징과 사고의 능력을 키우기 위해선 아이가 불쾌감이나 부족함을 견뎌내야 하는데, 이를 옆에서 함께 짊어질 양육자의 존재가 필요하다는 것이다.

이를 위해, 양육자는 몽상reverie하는 존재가 되어주어야 한다고 비온은 말한다. 이는 아이가 느낀 불확실하고 커다란 공포를 아이가 이해하고 감당할 수 있는 형태로 만들어 돌려주는 존재다. 다시 말해 좋은 양육자란 처음부터 대신 해답을 찾아주는 것이 아니라, 아이가 현재 자신의 상황을 정확히 이해할 수 있도록 곁에서 함께하며 지지해주는 존재다. 아이는 이로써 좌절과 안심 사이를 오가며 혼자서 좌절을 헤쳐나갈 창의성과 사고력을 기를 수 있다. 즉, 아이의 날것의 정서를 양육자가 그릇이 되어 담아주는 기능container을 하고, 아이는 그 안에 담기는contained 존재로 자기감각을 유지한 채 참을성을 키워 현실에서의 경험을 스스로 사고할 수 있게 되는 것이다. 이 과정을 거친 아이는 비로소 진실한 나로서 삶을 즐기게 된다.

환자를 성장시키는 분석가의 태도도 이와 비슷하다. 새로운 도전에 마음을 연다는 것은, 모호함 속에서도 가능성을 찾아낼 수 있는 상상력을 발휘하는 일이기도 하다. 물론 상상만으로 좌절을 견디는 현실적 힘을 기를 수는 없다. 상상을 실행으로 옮기는 것은 의지가 불안을 이길 때 가능한 것이기도 하다. 그렇게 얻은 경험은 우리에게 깨달음을 준다. 그 결과가 실패인지 성공인지와 상관없이, 직접 경험을 통해 배운 것은 그것 자체로 삶의 무기가 되는 것이다. 날것의 감각들을 끌어안고 고통을 겪어내며 소화시키는 경험은, 인간을 더욱 자유롭고 안정적인 존재로 성장시킨다. 결국 상담자로서 중요한 역할은 마법의 주문을 외워 내담자를 편하게 만들어주는 게 아니라, 내담자가 새로운 경험을 통해 스스로의 삶에 대한 창의적인 대안을 찾을 수 있도록, 경험의 과정에서 파생되는 온갖 정서들을 담아낼 그릇이 되어주는 것이다. 때로 불편하고 견디기 힘든 과정을 함께 겪어내며 내담자의 진실과 만나주는 것이다.

그렇다면 진하 씨가 처한 갈등 상황에서, 그의 진실은 무엇일까? 상담을 진행하며 밝혀진 진하 씨의 성장 배경을 통해 그가 감춘 진실과 발휘하지 못한 상상력의 근원을 추측해 볼 수 있었다. 진하 씨는 대체로 평탄한 삶을 살아온 것 같았다. 헌신하는 어머니와 성실한 아버지가 든든히 받쳐주는 중산층의 가정에서 무난하게 자랐다. 대학 입시와 취업 준비 기간에도 딱 남들만큼 힘들어했고, 또 적당히 놀기도 했다.

그런데 아이러니하게도, 그런 너무나도 무난한 인생은 삶의 불확실성을 허용하지 못했고 그는 쉽게 흔들렸다. 그간의 인생에서, 진하 씨에겐 정해진 틀에 맞춰 사는 것이 당연했고 자연스러웠다. 학생이면 공부를 잘해야 하고, 좋은 대학에 가야 하고, 대기업에 들어가 안정적인 삶을 꾸리는 게 정답이라고 생각했다. 사실 그것은 진하 씨가 스스로 찾은 정답이 아니었는데 말이다.

강요된 정답이 그의 상상력을 마비시키고 있었다. 회사에 품은 불만에 관한 얘기도, 회사에 취직하며 포기해야 했던 꿈 이야기도 전혀 구체적이지 않았다. 개인적인 경험과 감정이 녹아 있지 않은 말은 공감하기 어려웠고, 그 속에서 진심을 찾아내기도 힘들었다. 그 순간 상담실이 끝없이 도는 다람쥐 쳇바퀴처럼 느껴졌다. 내담자인 진하 씨야 어련하겠느냐만, 상담자인 나 또한 무력하고 답답했다. 이럴 때, 우리는 어떤 실마리를 잡을 수 있을까?

어지러운 세상에서 찾아낸 생존 전략

내담자가 혼란을 경험할 때 상담자도 그것을 함께 경험할 수 있다. 그런 순간은 때로 내담자를 깊이 공감할 수 있는 좋은 기회가 되기도 한다. 물론 상담자의 직관을 치료에 활용하려면 그만큼 상담자는 스스로를 잘 이해하고 객관화할 수 있어야 한다. 그리고 그 혼란과 불안 속에서 함께 허우적거리는 것이 아니라 한발 물러나야만 제대로 보고 해석할 수 있다.

진하 씨는 겉으론 씩씩하고 강해 보였지만, 실은 아기처럼 좌절 앞에서 무너질까 봐 두려워하는지도 몰랐다. 삶이 내 맘대로 되지 않는다는 것을 아직은 받아들이지 못한, 내가 원하면 주어져야 한다고 생각하며 떼쓰는 아기 같은 상태처럼 보이기도 했다.

물론 진하 씨도 세상이 그렇게 만만하지 않다는 것쯤은 부모님의 가르침을 통해 잘 알 수 있었다. 정답이 아니면 안 되는

　　　남들 다 챙겨도 내 마음은 챙긴 적 없었다

분위기 속에서 자란 진하 씨는 작고 안전한 것을 원하고 그것이 충족되는 경험 안에서 안도했다. 그러다 보니, 불쑥 느껴지는 갑갑함이나 답답함을 견디는 법을 차마 배우지 못한 것이다. 그는 불안 때문에 떨거나 울어 보는 경험을 건너뛰고 대비하는 법부터 배웠다. 좋은 학교에 입학하지 못하면 어떻게 해야 할지, 좋은 회사에 입사하지 못하면 어떻게 해야 할지, 자신이 진짜 원하는 것을 하려면 어떻게 해야 할지 가슴 깊이 생각해 본 적 없이 정답부터 주워섬겼다. 그의 입에서 나온 불만이 공허해 보인 이유를 알 것 같았다. 그에겐 쳇바퀴를 멈추고 진짜 나의 삶에 발을 디디며, 외면했던 불안을 하나하나 경험하고 아파하며 성장하는 과정이 필요했다.

아이를 어린이집에 등원시키고 출근하던 시절, 내 맘처럼 따라주지 않는 아이를 어르고 달래며 어린이집에 들여보내기까지 매일 아침 진땀을 뺐다. 아이는 분명 더 자고 싶었을 것이다. 밥도 더 천천히 먹으며 엄마랑 더 놀고 싶고, 어린이집에 가고 싶지 않은 날도 있었을 것이다. 그 마음을 알면서도, 출근 시간을 지키지 못할까 봐 조바심에 아이를 닦달하곤 했다.

그런 어느 날, 겨우 도착한 어린이집 근처에서 아이가 길바닥에 털썩 주저앉아 버리는 게 아닌가. 이대로면 지각이 확실한데, 조급한 엄마 맘을 아는지 모르는지 아이는 천하태평이었다. 큰소리로 야단을 칠까 고민하던 찰나, 아이는 벌떡 일어나 '다

쉬었다!'라며 나보다 앞서 어린이집으로 걸어갔다. 아무 걱정도 고민도 없어 보이는 어린아이였지만, 실은 그 누구보다 불안을 마주하고 나름의 방법으로 좌절을 헤쳐나가고 있었던 것이다.

순간 눈물이 왈칵 쏟아져 나오는 걸 꾹 참고, "그래, 다 쉬었구나"라고 맞장구를 치며 씩씩하게 어린이집 문 앞에 도착했던 기억이 난다. 인사를 하고 뒤돌아 지하철역까지 뛰어가는데 참던 눈물이 줄줄 흘러내렸다. 엄마 마음을 알고 자기 욕구를 참아준 아이에게 미안한 마음이 가장 컸다. 그럼에도 어느새 좌절을 견딜 줄 아는 아이가 된 것 같아 기특하기도 했다. 아이가 많이 자란 지금도 가끔 그때의 일을 말하며 함께 웃는다.

이처럼 우리는 내가 원하지 않는 것도 참아내며 세상을 살아가는 방법을 터득한다. 위기가 곧 기회란 말이 있는 것처럼, 우리는 위기의 순간에 생각지도 못한 힘을 발휘하기도 하고 창의적인 대안을 떠올리기도 한다. 그의 모든 마음을 허용한 채 기다려 주면, 함께 잘 견뎌 주면, 누구나 스스로 답을 찾아낸다. 성인이 된 우리도 계속 그렇게 성장해 나갈 것이다.

✳ 멀리 가고 싶다면
충분히 쉬어야 한다

일과 삶의 균형을 찾고 싶어요

근로기준법 개정으로 '주 52시간제'가 시행될 당시, 나는 어느 기업의 사내상담실에서 일하고 있었다. 당시 새로운 제도가 도입되며, 회사도 그랬지만 직원들도 제법 혼란을 겪었던 것으로 기억한다. 물론 눈치 볼 필요 없이 정시퇴근을 할 수 있어 좋아하는 사람들이 많았다. 하지만 의외로 퇴근 시간이 되면 컴퓨터가 자동으로 꺼지는 시스템이 자율성을 해친다며 반발하는 사람들, 야근을 할 수 없는데 업무량은 줄지 않아 스트레스를 받는 사람들도 적지 않았다.

그들은 정말로 일을 더 하고 싶어서 반발한 걸까? 물론 그런 사람도 없지는 않겠지만, 하루 종일 일에만 매진하고 싶은 사람은 많지 않을 것이다. 어쩌면 관성에 의해 굴러가던 삶이 변한다는 것 자체가 탐탁지 않았던 것일 수도 있다. 실제로 당시 어떤 사원들은 하루아침에 갑자기 '저녁이 있는 삶'을 살게 되자 그 시간을 어떻게 써야 할지 몰라 방황하고 우울해하기도 했다.

이런 이들에게 야근은 일종의 회피다. '일하는 나' 말고는 다른 모습을 상상하지 못하고, 시키는 일은 곧잘 하지만 자신이 진정 원하는 것이 무엇인지는 모르기에 갑자기 주어진 자유가 오히려 불안하게 느껴지는 것이다. 마치 열심히 돌아가던 기계를 강제로 멈춘 것처럼 말이다.

삶이 내 맘대로 흘러가지 않을 때

준화 씨는 야망이 큰 사람이었다. 사회적으로 인정받는 직업을 갖고, 서울에 집을 살 만큼의 재력을 갖추고, 적령기에 결혼해서 아이를 낳고 잘 사는 것이 그가 생각하는 삶의 모습이었다. 그중 전문직의 꿈은 포기하게 되었지만, 더 이상의 실패는 용납할 수 없다는 마음을 갖고 대기업에 입사했다.

그렇게 회사원이 된 준화 씨의 목표는 근무 시간을 최대한 단축하는 것이었다. 회사원 월급만으로는 서울에 집을 사기 어려웠고, 이를 대비하려면 재테크 공부를 해야 했다. 그리고 제때 결혼해서 아이를 낳으려면 데이트에도 소홀할 수 없었고, 건강을 챙기려면 꾸준히 운동도 곁들여야 했다. 다행히 입사 초반에는 업무 강도가 높지 않아, 준화 씨는 이 모든 걸 챙기며 만족스

　　　　　　　　남들 다 챙겨도 내 마음은 챙긴 적 없었다

러운 삶을 살 수 있었다. 연말 인사이동이 있기 전까지는 말이다.

입사한 지 3년이 되던 해, 준화 씨는 회사 내에서 가장 말도 많고 탈도 많은 부서로 발령이 났다. 업무 특성상 예상치 못한 상황이 발생하거나, 기약도 없이 축축 늘어지는 일이 많은 곳이었다. 아무리 열심히 일해도 업무 시간을 통제하기 어려웠고, 점점 야근하는 날이 늘어났다. 그러자 빡빡하게 짜여 있던 퇴근 후 일정이 무너지기 시작했다. 운동을 그만두니 뱃살이 찌기 시작했고, 재테크도 마음처럼 되지 않았다. 여자 친구와의 관계까지 삐걱대기 시작하니, 그야말로 죽을 맛이었다. 그런 불편한 마음이 지속되자 직장 내에서의 마음가짐이나 관계도 편치 않았다. 일과 삶의 균형이 무너진 상황을 견딜 수가 없었고 회사에 대한 불만이 커져 화가 잔뜩 난 상태였다. 역시 전문직이어야 했다고 한탄하는 날이 잦아졌고, 그런 그의 불만은 회사 내에서도 공감받기가 어려웠다.

야근으로 어그러지기 전 그의 생활에서 엿볼 수 있듯이, 준화 씨는 대단히 통제적인 사람이었다. 일도, 관계도, 자기 자신마저도 엄격한 계획으로 관리하고자 했다. 하지만 준화 씨에겐 무언가 하나 빠져 있었다. 그것이 무엇이었을까? 바로, 그 모든 것의 목적이었다. 준화 씨는 왜 그렇게 자신의 삶을 통제하려고 하냐는 질문에 제대로 대답하지 못했다. 그저 그런 것이 당연하다고 생각했을 뿐, 왜 서울에 집을 사야 하는지, 왜 제때 결혼해서 아이를 낳고 가정을 꾸려야 하는지, 그것이 자신에게 어떤 의미인지 제대로 돌아보지 못한 것이다.

놀이가 되지 못한 삶은 균형을 잃는다

정신분석가 위니컷의 역작 《놀이와 현실》에서, 그는 '놀이'야말로 정신 치료의 본질이며, 상담자는 놀이를 잃어버린 상대에게 놀이를 찾아줄 수 있는 사람이어야 한다고 말한다. 그 이유는 무엇일까? 바로 놀이야말로 삶의 역동성과 창조성을 낳는 원천이기 때문이다.

아이들에겐 온 세상이 놀이터라는 말이 있다. 이 말은 단순한 비유가 아니다. 아이들은 놀이를 통해 처음 보는 세상을 탐험하며, 규칙을 발견하고 그것을 창조적으로 활용하는 과정을 배운다. 이 과정을 통해 아이는 자신을 돌아보고, 참된 자기 자신의 모습을 발견한다. 이는 성인이 된 후로도, 아니 인생 전체를 통틀어 자기 삶의 목적을 스스로 수립하고 살아갈 역동성의 밑바탕이 된다. 어릴 때 마음껏 뛰어놀아야 한다는 어른들의 이야기가 진실을 담고 있는 것이다.

준화 씨는 살면서 단 한 번도 자신의 특성과 재능에 대해 깊이 생각해 본 적이 없었다. 자신이 무엇을 잘하는지, 무엇을 좋아하는지 단박에 대답할 수 없었다. 그러니 자신이 무엇을 할 때 즐거운지, 어떤 순간에 슬픈지도 대답하기 어려워했다. 사실

  남들 다 챙겨도 내 마음은 챙긴 적 없었다

그에게는 제법 뛰어난 예술적 감각이 있었는데도 말이다.

실제로 준화 씨는 학창 시절 미술 시간에 난감했던 적이 한 번도 없었다고 했다. 그림을 그리는 일은 즐거웠다. 손끝을 놀려 다양한 모양과 색깔을 그려 내면, 친구들은 감탄했고 어른들은 칭찬해 주었다. 다만, 그의 부모님이 너무 열심이었던 게 문제였다. 부모님은 그림에 흥미를 보이는 준화 씨를 바로 학원으로 데려갔다. 그곳에서 준화 씨는 더 잘 그리는 법을 훈련받았지만, 마음껏 즐겁게 그리는 시간은 경험하지 못했다. 효율을 따지고 사회적 평가를 고려하게 되면, 어떤 일이든 순수한 흥미를 느끼기는 어려워지기 마련이다.

결국 준화 씨는 금방 미술학원을 관두고 말았다. 꿈이 비워진 자리는 어른들의 기준으로 채워졌다. 어떤 선택을 해야 더 좋은 대학에 갈 수 있는지, 취업하기 유리한지, 더 부유하고 인정받을 수 있는지… 그런 기준이 곧 준화 씨의 원칙이 되었다. 미술을 포기한 아쉬움을 잊기 위해, 그는 더욱 사회적인 성공에 매달렸다. 그의 삶에 정말이지 빈틈이라곤 찾아볼 수 없었다.

그런 준화 씨에게 가장 먼저 필요한 것은 업무 스트레스를 극복하거나 진정한 삶의 의미를 찾아내는 것이 아니었다. 일단, 멈추는 것이었다. 나는 준화 씨에게, 상담 시간 동안만이라도 가만히 앉아 자기 마음이 어디로 흘러가는지를 있는 그대로 지켜볼 것을 권했다. 어떤 과거가 떠오르면 그 기억을 그대로 따라가며 삶의 궤적을 천천히 돌아보는 것이다. 그러다 불안한 감정에 휩싸이면 잠시 멈춰 마음을 안정시키면서, 그런 감정이 진짜 내 감정인지 확인하는 작업이 필요했다.

준화 씨가 이에 익숙해진 뒤, 나는 그에게 조금씩 삶에 대한 통제력을 회복해 보자고 권했다. 하지만 그것은 이전처럼 빡빡한 계획이어서는 안 됐다. 오히려 유연하고 타협적인 통제력이어야 했다. 당장 회사를 그만두거나 부서를 바꾸는 대신, 주어진 상황에서 조금 더 마음이 편해질 수 있는 현실적 방안을 모색해 보는 것이다. 이는 조급한 마음을 누그러뜨리는 좋은 방법이다. 퇴사 같은 큰 결정은 이러한 방법으로도 마음이 편해지지 않고 일과 삶의 균형을 찾기가 어려움을 확인하고 나서 내려도 늦지 않다. 오히려, '내 삶은 이래야 해'라는 고정적이고 강박적인 마음가짐은 문제 해결을 더욱 요원하게 만들고, 관계에도 악영향을 미치기 쉽다.

이런 이야기를 하다 보니, 문득 한국의 장시간 근로 문화가 어쩌면 사회 전체를 병들게 한 것이 아닌지 의문이 든다. 모두가 좋은 대학, 좋은 기업, 좋은 결혼, 좋은 노후를 절대적으로 좋은 가치라고 여기는 세상은, 아무래도 조금 으스스하지 않은가? 번아웃, 우울증, 자살률이 치솟는 등 우리 사회가 당면한 문제들이란 것도 결국, 사람들에게서 놀이를 빼앗은 사회 문화와도 무관하지 않을 것 같다는 생각이 든다.

   남들 다 챙겨도 내 마음은 챙긴 적 없었다

눈앞의 일에 집중하면
격정이 사라진다

하는 일마다 너무 불안해요

적당한 스트레스는 삶에 활력을 준다. 해야 할 일이 없고, 긴장되는 상황이 전혀 없다면 우리는 한없이 늘어져 삶이 무료해질지도 모른다. 예컨대 시험은 우리에게 긴장감을 주지만 내가 공부한 것을 잘 평가받고 싶은 마음에 의욕을 불어넣기도 한다. 처음 보는 청중을 대상으로 강의 준비를 할 땐 호응이 적을까 두렵기도 하지만, 내가 알고 있는 것을 잘 전달하고자 즐거운 몰두의 시간을 갖기도 한다. 이런 시간을 보내고 나면, 때론 결과와 상관없이 성취감을 느낄 수도 있다. 하지만 가끔은 너무 커진 긴장감이 의욕과 성취감까지 잡아먹어버리곤 한다. 불안감이 결과가 안 좋게 나오는 상상을 낳고, 그것이 더 큰 불안감을 낳는 것이다. 불안에 압도된 마음은 무엇에도 집중하기 어려워지고, 결국 감당하기 힘든 스트레스와 무기력으로 나를 몰아붙인다.

워킹맘인 지영 씨는 심한 무기력을 호소했다. 회사 일도, 집 안일도 해야 할 것은 계속 쌓여 가는데 영 몸이 움직이지 않는 다고 했다. 마음 같아서는 회사도 그만두고 싶고 집에서도 파업을 선언하고 싶지만, 생계와 아이를 위해서 그렇게 할 수는 없었다. 지푸라기라도 잡는 심정으로 상담실을 찾았다며 말을 이어가는 동안에도 지영 씨의 핸드폰에는 남편과 아이의 메시지가 도착하곤 했다. 그래서인지 지영 씨는 매우 조급하고 불안해 보였다.

과도한 스트레스와 불안이 해소되지 않아 무기력해지는 경우는 흔하다. 하지만 그 원인은 무기력을 겪는 개인마다 다양하고 고유하다. 실제로 어떤 사람들은 위험도가 크고 심각한 상황에 홀로 맞서다가 무기력을 겪기도 하지만, 어떤 사람들은 언뜻 보면 작고 사소해 보이는 일에 쉽게 무너지기도 한다. 하지만 이는 그 사람이 나약하다는 뜻이 아니다. 타고난 성격과 성장 환경에 따라 각자의 강점과 약점은 자연스럽게 형성되는 것이다.

돌이켜보면 지영 씨는 대체로 평탄한 삶을 살아온 것 같았다. 큰 좌절 없이 남들 고민하는 만큼 고민하고, 남들 고생하는 만큼 고생하며 살아왔다. 다소 강박적인 성향 탓에 일을 그르

     남들 다 챙겨도 내 마음은 챙긴 적 없었다

치지 말아야 한다는 긴장감에 시달리긴 했지만, 지영 씨는 언제나 그게 '당연한 것'이라고 여기며 살아왔다. '사는 건 힘들지만, 다들 그렇지 않은가?'라는 생각이 그녀 안에 굳게 자리 잡고 있었다. 별다른 걱정 없이 삶을 즐기는 주변인들을 보면 부럽기도 했지만, 그래도 큰 불편 없이 그럭저럭 견디며 살았다. 아이가 생기기 전까지는 말이다.

아이가 태어난 뒤로 지영 씨의 인내심에도 한계가 찾아왔다. 아이는 내 마음처럼 움직여주지 않았고, 그럴수록 지영 씨는 점점 더 예민해졌다. 이윽고 아이가 사춘기에 접어들자 예민한 엄마와 불안정한 아이 사이에서는 매일같이 불꽃이 튀었다. 회사 일도 만만치 않건만, 집에서도 편치 않은 상황이 반복되자 지영 씨의 마음속 댐은 언제라도 넘칠 듯 찰랑거리는 것 같았다.

상실을 견디는 능력

정신분석가 수잔 캐벌러–애들러Susan Kavaler-Adler는 30년간의 임상 경험에 이론을 녹여낸 저서 《애도》에서, 애도를 인간의 성장과 변화의 핵심 요소로 꼽는다. 기존에는 애도가 사별의 슬픔이라는 측면에서 고려된 것과 달리, 인간의 중요한 발달 과업으로 본 것이다.

살아가면서 우리는 모두 무언가를 잃는다. 아기는 우는 것으로 기본적인 욕구를 충족시킬 수 있었다. 울면 엄마가 안아주고, 젖을 주며, 달래준다. 그러나 커 가면서 아이는 아무리 떼를 써도 자기 마음처럼 되지 않는 세상을 마주하게 된다. 그 과정에서 아이는 자신을 안아주던 엄마의 품을 잃고, 내게 온전히 집중하던 엄마의 시선을 잃는다. 세상의 중심인 줄 알았던 자신이 위험한 현실 속에 놓인 작은 존재일 뿐이라는 사실을 깨닫는다. 그렇게 아이는 난생처음 좌절을 겪으며 자신의 나약함을 알게 된다.

이때 상실을 온전히 받아들이지 못한다면 어떻게 될까? 내가 있는 자리에서 살아갈 방법을 찾으려면 세상의 중심이 내가 아니라는 사실을 받아들여야 한다. 그렇지 않고 계속해서 내가 통제할 수 없는 상황에 분노만 한다면, 다른 데 써야 할 에너지까지 빠르게 고갈되기 마련이다. 물론 애를 쓴 만큼 어느 정도 불만스러운 부분을 바꿀 수는 있겠지만, 그것도 한계가 있기 마련이다. 반복되는 좌절을 겪다 보면 세상과 벽을 쌓게 될 수도 있고, 그로 인해 발달이 멈춰 오히려 더 미성숙한 방향으로 삶이 흘러갈 수 있다.

이와 반대로 너무 일찍 상실을 경험하는 경우도 있다. 정서적, 신체적 폭력에 노출되는 큰 트라우마를 경험했을 경우, 안전기지를 잃은 아이는 긴장을 놓지 못하고 두려움에 떨며 살아가게 된다. 편안한 상태에서 세상을 배우고 적절한 좌절에 노출되며 적응력을 키우는 발달과정을 잃게 되는 것이다. 내가 원해

 남들 다 챙겨도 내 마음은 챙긴 적 없었다

서 태어난 것도 아닌데, 힘없는 아기인 나를 아무도 보살펴주지 않았다면 얼마나 서러움을 느낄까. 애도는 이처럼 내 맘 같지 않았던 지난 세월에 대한 아쉬움과 후회의 고통을 마주하는 과정이다.

상담을 진행하며 알게 된 지영 씨는 너무 일찍 많은 것을 잃어버린 사람이었다. 그녀의 어머니는 기질적으로 불안이 높은 사람이었고 부부간 애착 없이 시집살이를 하느라 우울해하는 사람이었다. 어릴 때부터 우울한 엄마를 즐겁게 해주고 싶은 마음에 지영 씨는 모범적인 학생이 되고자 했다. 이미 불행한 엄마에게 또 다른 불행을 얹게 될까 봐 불안했고, 그럴수록 어떤 문제도 일으키지 않으려고 최선을 다했다. 상황을 살피고 나쁜 일이 벌어지지 않도록 미리 대비하는 것은 기본이며, 때로는 힘든 엄마의 하소연도 들어주어야 했다. 성인이 되어서는 엄마의 문제를 대신 해결해주는 역할이 자연스럽게 따라왔다.

지영 씨의 삶은 평탄해 보였지만, 실은 든든한 기반 위에 쌓아올린 성이 아니라 모래 위에 엉성하게 지어진 집과도 같았다. 엉성한 삶을 움켜쥔 채 지영 씨는 막연한 수치심과 불안으로 자주 위축됐다. 젊은 시절에는 그 어떤 감정도 느낄 새 없이 강박적으로 무언가에 매달리며 살아왔지만, 이제 그 막연한 불안을 마주하고, 그 이면에 느껴야 할 감정들을 느끼며 애도하는 과정이 필요했던 것이다. 너무 일찍 기댈 곳을 잃고, 내가 원했던 엄마를 잃었으며, 그 나이답게 잠재력을 발휘하고 자유롭게 살아갈 기회를 잃었다. 그녀가 강박적으로 매달리던 삶의 모습은 사실 엄마의 것이라는 것을 알고 분리해야 했다. 어쩌면 그녀는 오랜 세월 그녀 자신을 잃었던 것이다.

불안을 관리하는 방법

불안감 때문에 상담실을 찾는 경우, 두 가지의 해결책이 필요하다. 하나는 불안의 이면을 밝히고 애도의 과정을 겪음으로써 불안감의 근원을 뿌리 뽑는 것이다. 그러나 다른 하나, 당장의 불안한 마음을 돌보는 것도 중요하다. 매일의 일상을 살아내야 하기 때문이다.

애도는 지금의 불안을 이해하고 떠나보내는 과정임과 더불어, 미래는 불안할 수밖에 없음을 받아들이는 과정이 되기도 한다. 통제할 수 없는 것에 괜한 힘을 쓰는 대신 현재를 살아갈 수 있게 주의를 돌리는 일이기도 하다. 불안에 압도되어 무기력한 상태에 빠지지 않도록 불안의 수준을 낮추는 동시에, 불안이 커지는 마음을 그저 알아주고 안고 갈 수 있도록 마음의 근육을 키우는 작업을 상담자와 함께하게 된다.

이를 위해서는 우선 자신을 꼭 안아주는 일이 필요하다. 무기력한 상태에서 매사 불안을 느끼며 살아왔던 나의 상태를 마주하고, 그간 애쓴 마음을 충분히 알아주는 것이다. 무엇이 그

  남들 다 챙겨도 내 마음은 챙긴 적 없었다

토록 불안한지, 내 안의 목소리를 잘 듣고 그 뿌리를 찾아 상처를 어루만지는 과정을 겪어야 한다. 그것은 때로 긴 시간을 요한다. 고통에 대해 머리로 생각하는 것과, 실제로 내 몸과 마음으로 고통을 경험해내는 것은 다르다. 머리로 생각하는 것만으로는 마음의 실질적인 변화를 이끌어내지 못한다. 아무리 '이 불안은 허상이야, 지금 나에게는 영향을 주지 않아'라고 수십 번 되뇌어도, 나의 감정과 행동은 과거 시점에 머물러 쉽게 돌아오지 않는다.

결국 애도란 현재까지 따라오고 있는 과거의 마음을 제자리로, 즉 과거로 돌려보내는 일이다. 이를 위해서는 지금의 나를 만든 과거의 결정적인 장면으로 돌아가야 한다. 그때와 비슷한 상황을 재현하고, 다른 선택을 내림으로써 그때의 경험을 다른 경험으로 덮어씌우는 순간 애도는 완료된다. 이는 새로운 삶에 기꺼이 한쪽 발을 내딛는 것이다. 익숙한 편안함을 내던지고 낯선 희망을 따르고자 결심하는 일이기에 결코 쉽지 않지만, 나를 믿고 미래의 불안을 편안히 받아들인다면 누구에게나 가능한 일이기도 하다.

이 과정에서 불안을 다스리기 위한 방법으로 '마음챙김mindfulness'을 추천한다. 마음챙김이란 지금 이 순간 나의 감각과 감정, 생각 등을 있는 그대로 알아차리며 그것을 애써 바꾸려 하지 않고 그저 관찰하는 기법이다. 이렇게 내 몸과 마음에 의

도적으로 주의를 기울임으로써, 통제할 수 없는 과거와 미래에 팔린 정신을 오롯이 지금 현재를 위해 쓸 수 있게 된다. 늪에 빠졌을 때 허우적거리면 더 빠지게 되지만, 침착하게 상황을 파악하면 금방 빠져나올 수 있는 것처럼 말이다.

마음챙김은 특히 불안을 다스릴 때 도움이 된다. 새로 산 신발이 아플까 봐 발가락을 오므리고 다니면 오히려 더 오랫동안 불편하지만, 처음엔 워낙 조금 불편하다는 것을 받아들이고 적응하는 시기를 거치면 어느 순간 잘 맞게 되기도 한다. 이처럼 마음챙김은 작은 불편에 마음을 열고 오히려 더 큰 여유를 얻는 마음 이완법이다. 이를 잘 연마한다면 삶에 대한 자신감이 생겨 모든 것을 통제하려 들지 않아도 된다는 것을 체험하게 되며, 열린 마음으로 창의적인 문제 해결 방법을 찾을 수도 있다.

평탄해 보이는 삶에도 나름의 사연이 있고, 우여곡절이 고스란히 드러나는 삶에도 안온함이 깃들 여지가 있다. 내게 주어진 삶을 어떻게 받아들일 것인지에 따라서 현재와 미래의 삶은 크게 달라진다. 받아들인다는 것은 부인하며 애쓰는 것과 반대다. 고통을 고통으로 겪어 내고 때로 나의 초라함을 인정할 때, 그 순간부터 새로운 삶이 시작되곤 한다. 그렇게 충분한 애도를 하고 나면, 자연스럽게 불안은 잦아들고 안도가 찾아올 것이다.

　　　　　　　　　　　남들 다 챙겨도 내 마음은 챙긴 적 없었다

고독을 인정해야 외로움이 사라진다

외로움을 잊으려는 사람들에게

대학 신입생들을 위한 강의를 의뢰받은 적 있다. 마침 그들은 코로나 팬데믹 시기에 학창 시절을 보냈고, 사회적 거리 두기가 끝날 즈음에 대학에 입학한 학생들이었다. 담당자와의 열띤 통화 끝에 좁혀진 주제는 '외로움과 함께 사는 법'이었다. 사회적 격리, 거리 두기 등이 '옳은 것, 당연한 것'으로 이해되던 시절 10대를 보낸 학생들에게 이제 밖으로 나와 캠퍼스의 낭만을 즐기라고 충고해 봤자 순순히 먹힐 리가 없다. 언제는 가까이 지내지 말라면서 학교에도 부르지 않고 컴퓨터 화면으로 소통시켰으면서 말이다. 그들 세대엔 그들 나름의 자연스러운 소통법이 있을 텐데, 이전 세대의 소통법을 억지로 주입해서는 안 된다고 생각했다.

하지만 아무리 익숙해졌다고는 해도, 혼자 방 안에 있는 것이 전혀 외롭지 않을 리는 없다. 그들 나름의 관계법이 있다고는 해도, 온라인을 통해 연결되는 관계는 마음대로 맺고 끊을 수 있다는 점에서 고립의 위험이 더 크다. 고립은 단순한 외로움을 넘어 생존을 좌우할 수도 있는 커다란 문제다. 연결 욕구 앞에 자유로운 인간은 없다. 유튜브 영상을 볼 때, 악성 댓글 때문에 기분이 나빠질 것을 알면서도 댓글창을 열어본 적이 있지 않은가? 그 밖에도, 현대 사회에는 연결 욕구를 즉각적으로 충족시키는 자극적 도피처가 곳곳에 널려 있다. 하지만 이는 오히려 감정을 상하게 만들고, 우리를 더 깊이 고립시킬수도 있다. 그렇기에 외로움은 단순히 잊거나 피할 것이 아니라, 어떻게 하면 함께 더불어 살아갈 것인지 고민해야 할 대상이다.

넓고 얕은 만남

올해 서른 중반에 들어선 정아 씨는 친구의 결혼식에 다녀온 날부터 기분이 한없이 가라앉았다. 최근 연달아 청첩장 모임이 있었던 것도, 예전에 만났던 남자 친구의 새로운 연애 소식도 영향이 있었을 것이다. 부모님이 은근히 결혼을 독촉하는 듯한 분위기를 풍기는 것도 신경이 쓰였다. 친구들과도 잘 지내고, 회사도 별 탈 없이 잘 다니고, 취미 생활도 하면서 괜찮은 30대를 보내고 있다고 생각했는데, 왜 이렇게 마음이 허전한지

　　　　　　　　남들 다 챙겨도 내 마음은 챙긴 적 없었다

모르겠다는 게 그녀가 상담실을 찾은 이유였다.

정아 씨는 한동안 허한 마음을 달래기 위해 사람들을 많이 만났다고 했다. 그녀는 원체 외향적인 성격으로 낯선 사람과도 쉽게 친해져 관계 맺기가 불편하거나 외롭다고 느낀 적은 거의 없었다. 겉으로 보기에는 뭐 하나 빠질 것 없이 자신만만한 그녀를 부러워하는 사람도 많았다. 그런 정아 씨에게 콤플렉스가 있다면, 연애를 길게 하지 못한다는 것이었다. 그나마 지난 연인과는 두 달을 사귀었는데, 이것이 정아 씨에겐 진지하게 결혼을 생각할 정도로 특별한 경험이었다. 결국 예상치 못한 순간 차이게 되었는데, 겉으로는 쿨한 척했지만 쓰라린 마음이 쉽게 사라지지 않았다. 그러는 동안에도 주변 사람들은 하나둘씩 짝을 찾아 가정을 꾸리고 있었다. 그녀는 이러다 혼자 남겨질 것 같다는 불안감에 좌불안석이었다.

의외겠지만, 정아 씨처럼 외향적인 사람도 고립을 느끼기 마련이다. 내향적인 성향의 사람들이 고립에 빠지는 모습은 쉽게 상상할 수 있다. 혼자 이 생각 저 생각 너무 깊이 파고들다가 타인에게 적절히 털어놓고 관계를 맺지 못해 고립에 빠지는 것이다. 이와 달리 외향적인 사람들은 관계 맺기를 어려워하지 않지만, 자기 자신의 마음을 돌아보는 데 서툴러 깊은 관계를 맺지 못하고 고립에 빠지게 된다. 물론, 이것이 칼로 자르듯 명확히 나뉘는 것은 아니다. 외향적이며 사람을 쉽게 믿는 것처럼 보였던 사람이, 실은 속마음 깊은 곳에서는 사람을 믿지 못하고 겉으로만 꾸며 내는 경우도 있다. 이처럼 평소 성격이 외향적이든 내향적이든, 누구나 고립을 겪기 마련이다. 이럴 때 필요한 건 '사람도 많이 만나는데, 왜 이렇게 외롭지?'라며 스스로를 탓하는 게 아니라, 내 외로움을 이루고 있는 본질과 마주하는 것이다. 이를 위해서는 우선 외로움을 인정하고, 지금까지 자각하지 못했던 낯선 나와 만나야 한다.

얕은 관계 vs 깊은 관계

정신분석가 위니컷은 엄마의 '거울 반응'이 개인의 정서 발달에 있어 매우 중요하다고 말했다. 거울 반응이란, 아기를 있는 그대로 비춰주는 엄마 반응을 말한다. 아기는 엄마를 바라보며, 엄마의 반응에 기대어 자기를 알아간다. 이때 위니컷은 엄마의 얼굴이 아기의 정서 표현에 적절한 공감 반응을 보이지 않는다면, 그 거울은 그저 '겉으로 보이는 것'일 뿐 '내면을 반영하는 것'은 아니라고 말한다.

위니컷이 말하는 '보이는 것'과 '반영하는 것'의 차이는 흥미롭다. 아이에게 관심이 없는 엄마의 얼굴은 아이의 표면만을 바라볼 뿐, 아이의 내면을 봐 주지 않는다. 그럴 때 아이는 불안과 외로움을 느낀다. 이럴 때 아이는 불안을 피하고자 자기가 보고 싶은 대로 반응하는 착각의 거울을 만들기도 한다. 마치 동화

  남들 다 챙겨도 내 마음은 챙긴 적 없었다

백설공주 속 여왕이 말 잘 듣는 거울에게 세상에서 누가 제일 예쁘냐고 물으며 불안한 마음을 달래는 것처럼 말이다. 그 결과 우울한 엄마로부터 방치되었던 아이에게, 타인은 교류의 대상이 아닌 관찰하고 사용하고 조심해야 할 대상이 된다. 진정한 교류를 배우지 못하고 삶이 공허해지는 것이다.

반면 아이의 내면을 적절히 반영하는 엄마는, 아이의 내면 깊이 소통하기 위해 끊임없이 노력한다. 그러면 아이도 이 과정에 익숙해져, 상대방과 깊이 소통하고자 호기심을 가지고 질문하며 자신의 생각과 감정을 적절히 표현할 수 있게 된다. 상대의 반응에 집중하며 자연스럽게 대화하고, 신뢰를 쌓아 보여줄 수 있게 되는 것이다.

이러한 차이가 성인이 된 후로도 사람 대 사람의 깊은 관계를 맺을 수 있는지 없는지를 가른다. 진심 어린 관심과 보살핌을 받지 못한 사람은 인간관계를 이해관계와 효율의 관점에서 접근한다. 이러면 아무리 많은 관계를 맺어도 타인에게 깊은 관심을 가지지 못해 사랑을 하기도 받기도 어려운 상태가 된다.

하지만 그렇다고 변화가 불가능한 것은 아니다. 어린 시절, 나를 비추는 제대로 된 거울이 없었다면 성인이 된 후라도 내 존재를 제대로 비춰보면 된다. 착각의 거울을 거두고 있는 그대로 진실한 모습과 대면하며 수용할 수 있다면, 가끔 외롭다고 느끼는 것도 충분히 감당할 만한 것이 된다.

정아 씨의 어머니는 심한 산후우울증을 앓았다. 평소 스트레스에 매우 취약했던 정아 씨의 어머니는 첫 아이를 낳고 돌보는 과정에서 몸과 마음이 많이 다쳤다. 복직하면 조금 나아질 것을 기대하고 있었는데, 예상치 못한 둘째를 임신하게 되자 마음이 복잡해졌다. 고민 끝에 낳기로 결심했지만, 아무도 육아를 도와주지 않는 상황에서 정아 씨의 어머니는 지쳤고 결국 직장을 그만두었다. 정아 씨의 아버지는 혼자서 네 식구를 먹여 살리는 가장 역할을 해야 한다는 생각에 집안일에는 더 소홀해졌고, 직장을 잃고 사회적 관계를 잃은 아내의 상실을 이해하지도, 곁에 있어 주지도 못했다.

우울한 엄마와 함께 지내며 정아 씨는 눈치 빠른 '어른 아이'로 자랐다. 성인이 되어 엄마의 사연을 듣게 된 이후로는, 엄마의 모든 불행이 자기 탓인 것만 같아 괴로웠다. 동시에 왜 내 탓이어야 하는지 분하기도 했다. 그리고 너무 빨리 어른이 되어 마땅히 주어져야 할 관심을 박탈당했던 시절에 대해 깊은 슬픔을 느꼈다.

이런 슬픔을 있는 그대로 받아들이자, 정아 씨는 오히려 공허했던 마음이 사그라드는 것을 느꼈다. 눈물이 흐를 만큼 흐르도록 가만히 두는 것이, 스스로를 알아주고 안아주는 과정이 되어 그것만으로도 덜 외로웠다. 나아가 자신이 원하는 것이 무엇인지 점점 명료해졌다. 좋아하는 친구에게 주저하지 않고 애정

　　　　　　　　남들 다 챙겨도 내 마음은 챙긴 적 없었다

을 표현하니 진심으로 기뻐하는 친구의 반응이 돌아왔다. 오래 보고 싶은 지인에게 생긴 서운한 마음을 감추지 않고 표현하니, 멀어질까 봐 두려웠던 마음과 달리 상대는 적극적으로 조율하려 노력해주었다. 주변 사람들의 애정을 확인하게 되면서 점차 마음이 안정되었고, 상대에게 관심을 기울이는 일도 더 자연스러워졌다. 관계는 이전보다 더 단단해졌고 그만큼 정아 씨는 덜 외로워졌다. 외로움은 어디에나 있지만 그것에 휘둘리지 않을 수 있다는 자신감이 생겼다.

외로움과 함께 사는 법

외로움은 누구에게나 찾아온다. 사랑하는 사람이 있어도, 심지어 그가 곁에 있을 때조차 외로움을 느낄 때가 있다. 외로움을 자각하는 순간, 나의 필요를 알고 관계에 더 적극적으로 다가가며 연결을 시도할 수도 있다. 혹은 그러한 연결의 시도가 버거울 때도 있고 정말 원하는 것이 그게 아닐 때도 있다. 이처럼 사람 마음은 참 복잡하다.

그럴 때는 강박적으로 연결에 목맬 것이 아니라, 먼저 외로움이란 감정에 머물러 찬찬히 내 마음을 살펴보아야 한다. 성인이 되었지만 아직 마음은 어린아이 같아서, 나의 마음을, 나아가 나와는 다른 타인의 마음을 헤아리기 어려운 상태일 수도 있기 때문이다. 한번 자신에게 질문을 던져 보자. '어쩌면 나는 상대의 태도를 내 방식대로 해석하며 오해하고 거리를 두고 있는 것은 아닐까?', '나에 대한 비현실적인 기대로 인해 현실의 나를 미워하며 따돌리고 있는 것은 아닐까?' 이런 질문에 차분히 대답한다면, 고립을 넘어 진정한 연결에 이르는 길을 찾을 수 있을 것이다.

억지로 외로움을 느끼지 않으려고 애쓰느라 사람들과 만나며 에너지를 쓰고 나면, 피로해진 나는 우울하고 공허해진다. 경계가 필요한 순간에도 연결에 집착하다가 또 다른 상처를 입고 관계에서 더 멀어지게 될 수도 있다. 감정은 그저 감정일 뿐이며 충분히 느껴주어야 지나간다. 그 의미를 잘 알고, 내 마음을 이해한 후 스스로 선택하고 행동할 수 있을 때 비로소 우리는 나의 존재를 인식할 수 있고 삶에 대한 자신감을 느낄 수 있다. 내 감정을 힘의 원천으로 활용하게 되는 것이다.

　　　　　　　　　남들 다 챙겨도 내 마음은 챙긴 적 없었다

화를 방치하면
언젠가는 폭발한다

화가 나면 참을 수가 없어요

규석 씨는 아내의 권유로 상담실을 찾았다. 상담실에 들어선 그의 첫인상은 무척 온화했다. 상대를 편안하게 해주는 태도와 부드러운 말투는 긴장을 풀어주기에 충분했고, 누구에게나 다정하고 잘 맞춰주는 사람처럼 보였다. 하지만 그가 털어놓은 이야기는 겉모습과 너무나 달랐다.

규석 씨 부부가 장모님 댁에서 식사를 하고 온 날, 아내는 그에게 사소한 불만을 표현했다. 규석 씨 입장에서는 볼멘소리가 나올 법도 했지만, 어느 부부에게나 일어날 수 있는 정도의 의견 교류였다. 그러나 규석 씨가 보인 반응은 예상치 못한 행동이었다. 순간적으로 화를 참지 못하고 휴대전화를 집어 던져 액정을 부숴 버린 것이다. 전에도 이런 일이 있었냐고 묻자, 혼자

살 때는 분노가 차올라 컴퓨터를 부수거나, 주먹으로 벽을 때리는 일도 다반사였다는 대답이 돌아왔다.

하지만 그것이 규석 씨의 본심은 아니었다. 그는 분노가 폭발하는 순간 다른 사람이 되는 것 같다고 말했다. 나중에 생각해 보면 그렇게까지 화를 낼 일이 아닌데, 자기도 모르게 일을 저질러 버린다고 말이다. 그는 자신도 납득할 수 없는 폭발적인 분노와, 겉으로 보이는 온화한 모습 사이의 불일치 때문에 큰 고통을 겪고 있었다. 어쩌면 평소 부부관계를 피하며 아이를 갖는 것을 주저하는 이유도, 자신도 모르게 튀어나오는 이 통제 불능의 분노가 좋은 아빠가 되는 것을 방해할지 모른다는 막연한 불안감 때문이었을지도 몰랐다.

상담이 진행되고 어느 정도 차분한 대화가 가능해지자, 규석 씨는 평소 참아 왔던 억울함을 토로했다. 직장 상사의 갑질, 거래처의 무리한 요구, 가족들의 기대 등 그가 화가 날 만한 상황은 차고 넘쳤다. 하지만 현실적인 이유로 밖에서는 화를 낼 수 없었고, 그 억눌린 감정은 가장 편안한 대상인 아내에게, 혹은 사소한 자극을 계기로 걷잡을 수 없이 터져 나왔다. 마치 이미 불이 붙은 장작에 기름을 붓는 것처럼, 그의 분노는 작은 불씨에도 활활 타올랐다.

 남들 다 챙겨도 내 마음은 챙긴 적 없었다

어린 시절의 상처가 분노조절장애의 원인이 된다

하지만 억울함을 느낀 모두가 규석 씨처럼 폭발하는 건 아니다. 같은 억울함과 분노를 느껴도, 훨씬 차분한 방식으로 해소하는 사람들도 많다. 그렇다면 규석 씨의 진짜 문제는 무엇이었을까?

그 답은 어린 시절의 양육 환경에서 찾을 수 있었다. 그는 '말썽을 부리면 안 된다'는 엄격한 규율 속에서 자랐다. 다른 집 아이들처럼 갖고 싶은 것을 요구하거나 투정을 부리는 것은 허용되지 않았다. 게다가 아버지는 화를 참지 못해 가족들에게 폭력을 휘두르곤 했는데, 어린 규석 씨가 그에 반항하거나 서운한 감정을 표현하면 더 큰 보복이 돌아왔기에 그는 반사적으로 숨죽여야 했다. 반면 어머니는 아버지의 폭력 앞에 늘 무력하게 희생당했고, 그런 어머니 앞에서 짜증을 내는 것은 죄스럽게만 느껴졌다. 이렇게 분노를 표현하지 못하고 억눌러 참기만 하면서, 어린 규석 씨는 자신의 공격성을 제대로 성숙시키지 못했다.

'공격성'이라고 하면 느껴지는 선입견과 달리, 정신분석가 도널드 위니컷은 유아의 공격성을 성장에 긍정적인 자원으로 보았다. 공격성이 적절히 발휘되어야, 자기 주장이 생기고 창조적인 삶이 가능해진다는 것이다. 그 핵심은 '양육자가 아이의 분노를 어떻게 받아주느냐'에 있다.

아이의 공격성을 잘 받아주는 양육자는, 아이가 화를 낼 때 그 감정을 이해해주되 원하는 것을 모두 이룰 수는 없음을 안전한 환경 안에서 스스로 경험하게 해준다. 이때 양육자에게는 아이가 보이는 공격성에 보복하지 않는 부드러움과, 아이의 공격성에 압도되지 않는 단호함이 모두 필요하다. 아이가 화를 낼 때 같이 화를 내며 짓밟는 것은 '보복'이고, 아이의 눈치를 보며 쩔쩔매는 것은 '굴복'이다. 건강한 양육이란, 아이의 감정은 수용하되 행동에는 안전한 한계를 그어주는 것이다. "화가 난 건 알겠어. 하지만 때리는 건 안 돼"라고 부드럽게 안아주며 말해줄 때, 아이는 자신의 공격성이 파괴적이지 않음을 배우고 감정을 조절하는 법을 익힌다.

하지만 규석 씨는 이러한 '안전한 울타리'를 경험하지 못했다. 그는 폭력적인 아버지에게 보복당하거나 어머니를 힘들게 할까 봐 공격성을 발휘할 기회가 없었다. 이렇게 억눌렀던 분노는 마음 한구석에 차곡차곡 쌓였고, 소화되지 않은 채 성인이 되어서까지 남아 '분노조절장애'라는 증상으로 곪아 터진 것이다. 결국 그의 분노는 사랑받고 보호받아야 할 시기에 겪은 학대와 방임의 결과물이었다.

과거의 상처를 떠나보내는 일이란

규석 씨가 변화하기 위해서는 과거의 상처를 떠나보내

　　　　　　　　　남들 다 챙겨도 내 마음은 챙긴 적 없었다

고, 억압된 공격성을 안전하게 다루는 법을 다시 배워야 한다. 이는 혼자만의 의지로 되는 것이 아니다. 관계 속에서 상처 입은 감정은, 다시 관계 속에서 치유되어야 한다.

아이러니하게도 상담자인 나 역시 '화'라는 감정을 억누르고 사는 것에 익숙했다. 상담 공부를 하면서 그간 내가 느꼈던 감정의 정체를 알아차리게 됐고, 나 역시 화를 억누르고 있음을 짐작할 수 있었지만, 한번 굳어진 버릇은 잘 변하지 않았다.

이 문제를 본격적으로 마주한 것은 결혼을 하고 엄마가 되면서부터였던 것 같다. 나의 공격성을 성숙하게 다스리지 못한 채로 부모가 되면, 그 문제를 대물림하게 될까 두렵고 조바심이 난 것이다. 결국 나는 초보 시절에 받던 '상담자들을 위한 상담'인 교육 분석을 다시 시작했다.

카우치에 누워 묻어두었던 기억과 증오심을 꺼내는 과정은 결코 쉽지 않았다. 때로는 입이 떨어지지 않을 만큼 수치스러웠고, 온몸으로 수치심과 저항감이 느껴지기도 했다. 하지만 안전한 상담 관계 안에서, 나의 날 선 분노가 비난받지 않고 수용되는 경험을 하자 놀라운 변화가 일어났다. 억눌린 증오를 표현하고 나니 오히려 마음이 순해졌고, 상대를 향한 진한 감사와 애정이 차올랐다. '분노'라는 감정이 내 안에서 소화될 수 있다는 믿음이 생기자, 더 이상 폭발적인 방식으로 화를 표출할 필요가 없어진 것이다.

성인이 된 우리도 마음속에는 여전히 미숙한 어린아이가 살고 있다. 위니컷이 말했듯, 아이가 격렬한 감정을 소화하기 위해 달래줄 대상이 필요하듯 우리에게도 '안전한 관계'가 필요하다. 그것은 상담자일 수도 있고, 신뢰할 수 있는 타인일 수도 있다. 중요한 것은 내 안의 공격성을 비난 없이 마주하고, 그것이 파괴적인 결과로 이어지지 않음을 경험하는 과정이다.

물론, 나는 여전히 분노를 다루는 데 서툰 사람이다. 그럼에도, 온 몸과 마음으로 충분히 감정을 느끼고 흘려보낸 후의 나는 과거의 나와 다르다. 자신의 감정을 억누르는 것이 최선의 생존 전략이었던 과거의 나에게, 이제는 그 전략이 당신을 고립시키고 있지는 않은지 묻고 싶다. 미숙한 나를 인정하고, 내 안의 어린아이에게 다시 성장할 기회를 주는 것. 그것이 분노의 불길을 잡는 첫걸음이 될 것이다.

Part 4

타인의 속도가 아닌
내 속도로 살아라

✳ 머리 대신 몸을 통해
알게 되는 것도 있다

울고 싶은데 울면 안 될 것 같아요

오래 전, 카우치에 누워 상담을 받던 중 처음 울음이 터졌던 날이 기억난다. 과거의 기억과 함께 내 안에서 요동치는 어떤 감정들을 나는 더 이상 참을 수가 없어 울기 시작했다. 당시 나는 최대한 조용히 울려고 애썼던 것 같다. 그때 내 머리맡에 앉아 있던 상담사 선생님의 목소리가 들렸다.

"원래 그렇게 소리 없이 우나요?"

그 말이 채 끝나기도 전에 나도 모르게 눈물이 터져 나왔다. 그리곤 무장 해제된 것처럼 오랫동안 소리 내어 엉엉 울었다. 무엇이 나의 입을 그토록 틀어막고 있었을까. 시간이 지난 지금, 상담 중 눈물을 흘리는 내담자들을 보면 그때 생각이 난다. 그들은 저마다 "이렇게 울 줄 몰랐어요", "너무 울어서 죄송해요"라며 당황하거나, 울컥하는 순간 황급히 말을 멈추고 눈물을 삼키기도 한다. 우리는 어쩌다 이렇게 울음에 박한 사람이 된 것일까. 슬픔 앞에서도 순순히 울지 못하고, 자신을 검열하게 된 것일까.

나를 챙기지 못하면 아이도 챙기지 못한다

자녀 문제로 상담실을 찾은 미숙 씨는 10살 된 딸과 함께 대기실에 앉아 있었다. 전화로 아이 상태에 대해 간단한 면담을 진행한 후 검사를 받기로 한 날이었다. 두 사람 모두 많이 긴장한 것처럼 보였다. 아이가 먼저 검사실에서 긴 종합평가를 받는 내내 미숙 씨는 대기실에 앉아 책을 보며 기다렸다. 이제 겨우 초등학교 저학년인 딸은 또래보다 신중하게 검사에 임했고, 검사자의 눈치를 살피며 조심스럽게 행동했다.

검사 결과상, 미숙 씨의 딸은 지능이 뛰어났지만 우울과 불안이 높았다. 검사 결과를 듣는 동안 미숙 씨의 얼굴에는 수심이 가득했다. 딸의 그림 검사지를 보며 자책하는 말을 하기도 했다. 실은 아이가 본인의 어린 시절과 너무 비슷한 나머지 마음이 잘 가지 않았고, 그래서 활달한 둘째와 비교하며 아이를 위축시킨 것 같다고 말이다. 다행히 아이는 아직 부모에게 의지하고 애정을 바라며 곁에 있었다. 더 어릴 때 해주었다면 좋았겠지만, 늦게라도 사랑을 주고 아이를 더 자신감 있게 자라도록 도울 수 있는 방법과 기회는 충분했다. 그보다 시급한 것은 미

　　　　　　　　　　남들 다 챙겨도 내 마음은 챙긴 적 없었다

숙 씨 본인의 문제를 들여다보는 것이었다. 엄마가 건강하고 행복해야 아이도 더 편안하게 세상 밖으로 나아갈 수 있으니 말이다. 미숙 씨도 이에 동의하여 개인 상담이 시작되었다.

미숙 씨는 소위 말하는 'K-장녀'였다. 부모님은 모두 장사 때문에 자녀들에게 세심히 신경 써 주지 못했고, 남동생은 나이가 어렸다. 일찍부터 '어른 아이'로 자라난 미숙 씨는 모든 일을 스스로 해결해야 한다는 생각이 강해, 상담실을 찾기에도 큰 용기가 필요했다고 말했다.

그랬던 미숙 씨에게 감정을 털어놓고 공감받는 것은 사치에 가까웠다. 그녀는 늘 혼자 불안해하며 애를 태우는 데 익숙했다. 학교에 준비물을 가져가지 못해 친구들 앞에서 크게 혼이 났을 때, 중학교 입학식 날 혼자 운동장에서 어쩔 줄 모르고 우두커니 서 있었을 때, 초경을 시작하고 당황스러워하며 홀로 뒤처리했을 때 같은 수치스러운 기억들이 그녀 마음 깊은 곳에 응어리져 있었다. 하지만 그녀는 상담 중에도 이 기억을 별거 아니었다는 듯 황급히 지나치려 했다. 그때의 감정과 마주하는 순간 감당해야 할 고통이 두려웠기 때문이다. 그러자 왜 미숙 씨가 그동안 딸에게 인색했는지 알 것 같았다. 엄마인 자신이 감정을 억누르고 있었기에, 아이의 불안과 슬픔을 받아 줄 여유가 없었던 것이다.

머리로는 알아도 바뀌기 힘든 것들

우리는 흔히 생각을 바꾸면 행동이 변할 것이라 믿는다. 물론 이는 어느 정도 맞는 말이다. 예를 들어 오은영 박사 등의 전문가들이 미디어에 나와 자신이 알고 있는 지식을 설명하면, 그에 따라 자신의 의견을 수정하고 반성하며 자녀 교육 방식이나 사고 방식을 바꾸는 사람들도 있다.

하지만 이와 동시에, 많은 이들이 미숙 씨처럼 머리로는 '내가 참아야 한다' 혹은 '이제는 괜찮다'라고 생각해도, 막상 상황이 닥치면 몸이 먼저 굳어버리거나 감정이 통제되지 않는 경험을 하곤 한다. 이는 뇌에서 신체로 명령을 내리는 '하향식top-down 개입'만으로는 깊은 트라우마를 치유하는 데 한계가 있음을 보여준다. 실제로 임상 현장에서는, 다른 관점에서 바라본 통찰을 이용해 사고를 전환시키는 인지 치료 방식만으로는 효과가 부족하다는 목소리가 높아지고 있다.

최근 정신치료 학계에서는 이와 반대되는 '상향식bottom-up 개입'에 주목하고 있다. 이는 말이 아닌 '몸의 감각과 정서'에 먼저 집중하는 방식이다. 심리학자 다이애나 포샤Diana Fosha 등이 쓴 책《감정의 치유력》에서는 내담자와의 언어적인 소통을 넘어선 비언어적인 감정 교류가 치료 과정에서 어떠한 변화를 일으켰는지, 그로 인해 내담자의 삶은 어떻게 나아졌는지 설명하고 있다. 이러한 관점에서 봤을 때, 치유의 핵심은 내담자가 상담자

　　　　　　　　남들 다 챙겨도 내 마음은 챙긴 적 없었다

와의 안전한 관계 속에서 그 감정을 다시 체험해 보는 데 있다. 그러한 감정을 느껴도 괜찮고, 큰일이 일어나지 않는다는 사실을 알게 해주는 것이다. 특히 감정을 차단하는 데 익숙해져, 감정을 느끼고 활용하지 못하는 사람들에게는 이러한 방식이 더욱 효과가 큰 편이다.

슬픔은 수용성이다

미숙 씨에게 감정 표현은 그야말로 생존을 위협하는 일이었다. 혼자 집안일을 하고 동생을 돌보는 게 힘들고 짜증 난다고 투정을 부리면 그나마 부모님께 받던 인정을 잃을까 두려웠다. 안 그래도 지쳐 쓰러질 것만 같은 부모님을 더 힘들게 만들까 봐 죄송스럽기도 했다. 미숙 씨는 그런 위험을 감수하느니 차라리 혼자 참고 삼키는 것을 택했다.

상담은 그렇게 삼킨 감정을 다시 토해 보는 과정이었다. 그녀는 상담실이라는 안전한 울타리 안에서 나에게 항의를 하기도 했고, 남편의 도움 없이 독박 육아를 해야 하는 외로움을 토로하며 울기도 했다.

그 과정에서 미숙 씨는 조급했던 말투 대신 점점 여유로움을 찾게 되었고, 침묵을 편하게 받아들이는 방식도 터득했다. 그러자 표정과 행동 역시 더 편안해 보였다. 아이를 대하는 태도도 달라졌다. 아이를 챙기기 위해 억지로 에너지를 쥐어짜야 했던 과거와 달리, 진정한 동기를 일깨워 엄마로서, 아내로서, 한 사람으로서의 삶을 생생하게 살아가기 시작했다. 이처럼 글이나 말을 통해 머리로 이해하는 대신 경험을 통해 감각해 본 희망은 쉽게 사라지지 않는다. 그런 경험은, 크고 작은 위기 앞에서 감정의 동요나 마비 없이도 내 삶을 잘 다스릴 수 있게 해 준다.

나 역시 뒤늦게 다시 시작한 교육 상담에서 참 많이도 울었다. 자꾸 울어서 진이 다 빠진다고 했더니, 어느 동료 상담사는 우는 만큼 마음도 가벼워지지 않냐며 부러워했다. 그 말이 참 맞다. 물론 울고 나면 진이 빠진다. 해소되는 날만 있는 것도 아니고, 더 막막해지는 날도 있다. 하지만 그 시간을 겪어 내고 나면, 맑아진 나를 대면하게 된다. 힘든 현실도 회피하지 않고 한 번 해결해 보자고 힘을 내는 나를 보면, '눈물이 나를 이렇게나 바꿔놓았구나'라고 생각하게 된다. 내가 좋아하는 오은 시인의 시구가 떠오른다. 그는 '감정은 수용성'이라고 썼다. 슬픔이라는 치유의 감정은 눈물과 함께 살아나 우리를 위로하고, 그대로 눈물과 함께 씻겨 내려간다.

     남들 다 챙겨도 내 마음은 챙긴 적 없었다

✦ 적당한 갈등이
더 좋은 관계를 만든다

모든 감정에는 이유가 있다

많은 사람들이 상처받은 마음을 안고 상담실을 찾는다. 이전에는 별일 아니었을 법한 일로 큰 타격을 입고 당혹스러워하며 찾아오는 경우도 있고, 이미 너무 많은 상처를 입고 너덜너덜해진 마음을 끌어안은 채 도움을 청하기도 한다. 상담자는 묵묵히 그 상처를 들여다보며 치유의 과정을 이끌어간다. 그러다 보면 때때로 내담자의 아픔에 함께 화가 나고 마음이 아파서 울기도, 울적해지기도 한다. 반면에 잘 이해가 되지 않아 온전한 공감을 위해 긴 시간이 필요할 때도 있다.

하지만 '분명 그럴 만한 이유가 있을 것이다'라는 믿음을 가지고, 질문과 반영을 통해 치열하게 상대를 이해하려 노력하는 과정 자체가 어쩌면 사랑의 한 형태일지도 모른다. 물론 그 과정에는 당연히 갈등도 존재한다. 나는 아프다는데 상대는 이해해 주지 못하면 화가 날 만하고, 반대로 이해하고 싶어 애를 쓰는데 좀처럼 마음을 열어주지 않을 때는 무척 답답해지기도 한다. 그럼에도 공감인 척하는 피상적인 위로를 멈추고, 깊은 이해를 위해 한 발짝씩 나아가려는 상담자의 지극한 마음이 전해질 때, 비로소 그 연결된 마음이 상처를 아물게 하는 '입에 쓴 약'이 된다.

다가갈까 멀어질까 혼란스러울 때

이별 이후 공허해진 채로 상담실을 찾은 주원 씨는, 힘들어서 오긴 했지만 상담에 대한 기대는 별로 없다고 말했다. 중학교 때부터 교내 상담실, 병원, 사설 상담센터까지 여러 차례 방문해보았지만 부정적인 경험이 더 많았다고 솔직하게 털어놓았다. 경계를 놓지 않지만 그런 속마음을 애써 숨기려고도 하지 않는 그녀의 태도에서 '누구도 믿을 수 없다'는 냉소와 함께 '누구라도 믿고 싶다'는 절박한 심정이 느껴져 안타까웠다. 그렇게 마음이 쓰여 다가가 질문을 하다 보면 조금씩 실마리가 잡히는 부분도 있었지만, 점점 더 미궁에 빠지는 것처럼 혼란스러운 마음이 되는 날도 있었다.

주원 씨가 지금껏 맺어온 중요한 대상과의 관계 패턴 역시 매우 혼란스러웠다. 상대를 잘 모르는 상태에서 쉽게 사랑에 빠

　　　　　　　　남들 다 챙겨도 내 마음은 챙긴 적 없었다

졌고, 연애의 시작은 다소 충동적이어서 금세 상대의 부족한 점이 보여 실망하곤 했다. 그럼에도 불구하고 관계를 끊을 수는 없어서 격렬한 싸움을 반복하면서도 매달려 붙잡게 된다고 했다. 그 과정에서 주원 씨는 상처받고 지쳐가고 있었다.

정신분석가 피터 포나기Peter Fonagy는 주원 씨처럼 충동성, 감정 조절 및 대인관계의 어려움을 핵심 문제로 하는 '경계성 성격장애Borderline Personality Disorder'를 연구했다. 경계성 성격 장애의 흔한 원인 중 하나는 생애 초기 관계에서 안정적인 애착을 형성하지 못한 것이다. 그래서 이들은 상대가 자신을 사랑한다고 확신하기 어려울 때 '버림받는 것'에 대한 공포를 느껴 예민하게 반응하게 된다. 버려지는 것에 대한 두려움이 상대를 자극하는 방식으로 표현되고, 결과적으로 두려움이 현실이 되는 상황으로 이끄는 것이다. 미리 상처 입은 마음이 공격적인 반응으로 표현될 때 관계는 파국에 이르고, 그것은 상대에게 상처를 줄 뿐만 아니라 나 자신에게도 파괴적인 행동이 된다.

이러한 경계성 성격장애는 오랫동안 치료가 어려운 병명처럼 통용되기도 했으나, 최근에는 애착 외상과의 관련성이 언급되며 이해와 공감, 나아가 치료 가능성에 대한 희망적인 논의가 진행되고 있다. 이러한 패턴을 보이는 이들에게 가장 필요한 것은 '나와 상대의 마음을 헤아리는 능력'이다. 피터 포나기는 이를 '정신화하기mentalizing'라고 불렀다.

정신화에 능숙해지게 되면, 자신과 타인의 행동을 예측할 수 있게 되며, 상대의 겉으로 보이는 모습과 내면의 동기를 구별할 수 있게 된다. 따라서 정신화 능력은 개인의 정서조절 능력의 바탕이 되며, 안정적 애착을 만들고 유지하는 데 중요한 요소가 된다. 반대로 이에 서투른 사람은, 자신과 남을 향한 폭력적인 행위가 충동적으로 나타나곤 한다.

주원 씨는 누구보다 말을 잘하고 지적인 능력도 뛰어나서 대화를 하다 보면 고개를 끄덕이게 되는 사람이었다. 하지만 동시에 갑갑한 느낌도 있었는데, 자신이 만들어낸 어떤 논리 안에 갇혀 오도 가도 못하는 상황이 되는 것만 같았다. 이처럼 경직된 사고는 예민하고 민감한 사람들에게 잘 나타나는 특징이기도 하다. 실제로 그녀는 마음결이 너무나 섬세해서 상대의 말과 행동을 그냥 흘려보내는 일이 잘 없었다. 왜 사소한 행동 하나하나가 그토록 마음에 사무치는지 더 깊은 이해가 필요했다.

일반적인 관계에서는 잘 지낼 수 있었지만, 연인이나 가족 같은 특별히 친밀한 관계에서 주원 씨는 더 취약해졌다. 이런 경우 어린 시절 부모님과의 애착 관계에 문제가 있을 가능성이 크다. 그런데 특이한 점은, 주원 씨 스스로도 이 사실을 알고 있었다는 것이다. 그녀는 아버지의 폭력적인 소통 방식이나 어머니의 부재 등이 어린 시절에 미친 영향에 대해 말로 표현할 수 있었다. 그것이 자기 문제의 원인이라는 것도 잘 알고 있었다.

그러나 머리로 아는 것과 가슴으로 이해하는 것은 다른 문제였다. 주원 씨는 여전히 부모님의 과거 행동을 이해할 수 없었고, 아동기의 문제가 현재 어떤 방식으로 영향을 주고 있는지는 설명하지 못했다. 어떤 면에서는 '상처받은 나'를 붙잡고 현재의 관계에서 반복하며, 괴로운 채로 자신을 방치하고 있는 것처럼 보여 마음이 아팠다.

관계의 문제는 관계를 통해 해결된다

포나기를 비롯한 최근 정신분석 이론의 흐름인 '상호주관주의'는 한 개인이 홀로 존재할 수 없으며 그가 속한 사회적 관계와 분리될 수 없다는 것을 강조한다. 인간은 태어날 때부터 상호작용의 욕구를 가지고 있다. 이러한 유아기의 갈망이 관계 속에서 잘 조율되지 못했을 때, 나를 알아갈 기회를 박탈당하고 관계에 대한 두려움이 커지게 된다. 이는 경계성 성격장애처럼 인간관계를 어려워하는 심리적 문제에 큰 영향을 미친다.

하지만, 다행히 인간의 뇌는 계속 발달한다. 성인이 되어서도 새로운 경험을 통해 관계 기술을 터득하고 자신의 감정을 조절하는 능력을 기를 수 있다. 이러한 맥락에서 상담자와의 새로운 관계 경험은 그 자체로 가장 강력한 치료적 개입이 된다.

불안한 엄마가 예민한 아기를 더 자극해 스스로를 다독일 기회가 없었던 이에게, 일관적인 태도를 유지하며 그 무엇에도 외면하거나 공격하지 않으면서 반응하는 상담자가 있다면 변화의 여지가 생긴다. 나아가 지속적인 상담은 또 다른 도전의 기회가 된다. 시간이 지나면서 상담 관계에 친밀감이 쌓이면 불안도 더 커지게 마련이다. 이때 불안정한 상태를 두 사람이 함께 잘 느끼고 소화시키는 과정을 겪어내고 나면, 그간 반복되던 관계 패턴에 균열이 생기며 희망을 찾을 수 있다.

살아 있는 사람이 내 앞에 앉아 '당신이 어떤 행동을 해도 나는 떠나지 않고 이 자리에 있을 것'이라고 말하는 일은 생각보다 매우 강력한 힘을 지닌다. 상대가 자기 자신을 지키면서 내게 공감해주는 모습을 보면서, 나 또한 그런 능력을 배우며 키워 나갈 수 있다. 그리고 이렇게 직접적인 경험을 통해 깨닫게 된 생각은 잘 변하지 않고 오랫동안 유지된다. 이처럼 우리는 안정적인 틀 안에서 자유롭게 나의 생각과 감정을 바라보고 상대의 존재를 인식하며, 진정 원하는 친밀한 관계를 위한 시도를 할 수 있게 된다. 상담 관계뿐만 아니라 건강한 연애의 경험이 성장의 기회가 되는 것도 비슷한 이치다.

함께할 때 찾아오는 희망

사회가 빠르게 변화하고 경제적 성공을 중시하는 풍토가 만연해지면서, 마음이 성장할 기회는 상대적으로 줄어드는 것 같아 안타깝다. 경쟁은 갈수록 심화되고 제한된 자원 안에서 인

     남들 다 챙겨도 내 마음은 챙긴 적 없었다

간이 살길을 찾는 일은 더 고되다. 치열한 환경에서 자녀를 키우며 불안을 잠재우고 중심을 잡기란 여간 힘든 일이 아니다. 자신의 상처를 치유할 새도 없이 뭐든 잘해야 한다는 압박감에 오히려 아이의 마음을 잘 돌보지 못하고 상처를 대물림하는 경우도 흔하다.

이러한 분위기 속에서 상담의 주제는 초기 관계의 회복과 관련될 때가 더 많아지는 것 같다. 오래전에 형성된 부모와의 관계를 상담자와의 관계에서 재연하고 변화시키는 과정이 때로는 너무 길고 지난하게 느껴질 때도 있다. 상담자가 지극한 관심을 유지하려 공부하고 성실히 임해도 결국 제대로 된 종결 작업 없이 중도에 끝이 나는 경우도 있다. 혹시나 상처를 더 받지는 않았을까 걱정되고 조바심이 날 때도 있고, 그것만은 피하고 싶어 조심스럽게 다가가며 쉽게 소진되기도 한다.

그럼에도 불구하고, 결국 그 섬세한 조율의 과정이 서로를 성장시킬 수 있다는 믿음으로 함께 하는 과정에 최선을 다하게 된다. 혼자서는 찾기 어려운 '희망'이라는 것은 함께 할 때 비로소 찾아온다. 이것이 바로 관계의 힘이며, 우리 삶의 기적이 아닐까?

잃을 것을 각오해야
새로운 삶이 열린다

삶의 의미를 찾지 못하겠어요

어느 날 상담실에서, '왜 사는지 모르겠어요', '모든 게 무의미하게 느껴져요' 라는 말을 듣게 될 때, 심장이 덜컥 내려앉곤 한다. 지속되는 우울감에 얼마나 지치고 힘들까 싶어 마음이 아프다가도, 혹여 죽고 싶다는 말을 하고 싶은 걸까 걱정이 앞서는 것이다. 다소 철학적인 질문에 어디서부터 이야기를 풀어가야 하나 막막해지기도 하고, 너무 심각하게 말고 가볍게 사는 이야기를 해야 하나 싶어 자세를 고쳐 앉게 되기도 한다.

그중에서도 '의미'라는 단어에 주목하게 된다. 삶의 의미라는 표현은 뜬구름처럼 느껴지기도 하지만, 한편으로는 우리가 이토록 애쓰며 살아가는 이유가 되기 때문이다. '실존주의 심리치료'를 연구하는 심리학자 어빈 얄롬Irvin D. Yalom은, 이러한 우리의 고민을 '의미가 없는 세상에서 의미를 필요로 하는 인간의 딜레마'라고 정리한다. 의미가 없는 세상에서, 의미를 필요로 하다니. 참 모순적이고 어려운 표현이다. 이처럼 삶의 의미에 관한 생각은 매우 중요하지만, 단순한 해답을 얻기는 어렵다. 하지만, 모든 사람은 살면서 한 번쯤은 그런 질문을 거쳐 가야 하는 순간을 겪게 된다.

떠나보내지 못하면 삶은 멈춘다

희성 씨는 점잖은 신사의 모습으로 상담실에 들어섰다. 50살 생일을 맞아 가족들이 파티를 열어주겠다며 떠들썩했지만, 정작 본인은 아무런 감흥도 없고 나이를 먹는 게 성가시게만 느껴졌다고 했다. 게다가 최근 들어 입맛이 떨어지고 출근 시간이 조금씩 늦어지는 등 이전과 달리 무기력한 증상이 나타나자, 이대로 가다간 가장의 역할마저 못 하게 될까 두려워 상담을 신청한 것이다.

희성 씨의 삶은 겉보기에 무탈해 보였다. 회사에서는 높은 직급은 아니더라도 경력과 나이에 걸맞은 역할을 잘 해내며 평판이 좋았고, 가정에서도 아내와 원만한 관계를 유지하며 외아들의 대학 입시도 잘 치러냈다. 남부럽지 않게, 안정된 노후가 보장된 직장인의 삶이었다.

그러나 여러 차례 상담을 거치는 동안 바라본 희성 씨는 깊은 우울에 빠져 있었다. 무엇을 위해 지금까지 살아왔는지 자문하다 보면 깊은 허무감이 밀려왔다고 했다. 모든 게 다 잘 돌아가고 있었는데, 이상하게 별로 기운이 나지 않았다.

그러던 최근 어느 날, 희성 씨는 우연히 오래전 헤어졌던 첫사랑의 소식을 듣게 되었다. 그러자 지금까지와는 다른 기분이 들었다. 왠지 모르게 생기가 돌았고, 우울함도 잊을 수 있었다. 하지만 동시에 가족을 배신하는 듯한 죄책감도 찾아왔다. 상반된 두 감정 사이에서 이러지도 저러지도 못하던 희성 씨는, 옛 추억을 떠올리는 순간만큼은 살아있는 기분이라며 조심스럽게 속마음을 꺼내놓았다.

희성 씨에겐 정말로 새로운 사랑의 계절이 찾아온 것일까? 겉으로는 그래 보이지만, 실은 그렇지 않을 수도 있다. 지그문트 프로이트Sigmund Freud의 역작으로 꼽히는 논문 〈애도와 우울증Trauer und Melancholie〉에서는 슬퍼하는 사람을 두 부류로 구분한다. 하나는 외부의 대상을 잃고 애도의 과정을 겪는 사람들이고, 다른 하나는 무엇을 잃었는지도 모른 채 우울증에 빠지는 사람들이다. 둘은 모두 사랑하는 대상을 잃고 슬퍼하며, 한동안 새로운 사랑이나 열의를 얻지 못한다. 또한 상실한 대상을 떠올리게 하는 행동을 피한다는 것도 공통점이다.

그런데 우울증은 여기서 한발 더 나아가, '자기존중감 혹은 자기평가self-regard의 급격한 저하'라는 특성을 보인다. 그래서 우울증을 겪는 사람들은, 정상적인 애도 과정을 겪는 사람과 달리 상실을 모두 자기 탓으로 돌린다. 자신이 못나고 부족해서 상대방을 잃어버렸다고 생각하는 것이다. 프로이트는 이를 두고 "슬퍼하는 사람은 세상이 빈곤해진 것처럼 느끼는 반면, 우울증의 경우 자아 자체가 텅 비었다고 여긴다"라고 말한다. 전자가 '그가 없는 세상에는 가치가 없다'라고 느낀다면, 후자는 '그가 없는 내 삶은 무가치하다'라고 여기는 것이다.

프로이트는, 우울증 환자가 '중요한 대상을 상실했다는 고통'이 아니라 '자기 자신이 보잘것없는 존재가 되었다는 고통'을 호소하고 있음을 간파한다. 이는 잃어버린 상대방과 자기 자신을 명확히 분리하지 못하고 있는 것이나 다름없다. 이처럼 떠나보내야 할 대상(상대방)과 붙들고 살아가야 할 대상(자기 자신)을 구분하지 못하는 상태에서는, 상실을 인정할 수도 없고 제대로 된 애도의 과정을 거칠 수도 없다.

이렇게 보면, 제대로 슬퍼할 줄 아는 사람은 꽤나 성숙한 사람이다. 상실한 관계에 마침표를 찍어야 새로운 시작도 가능한 것 아니겠는가. 상실을 깨끗이 인정하고 슬픔을 통과하기 위해서는, 상대의 말과 행동을 그 자체로 인정하며 나와 다른 독립된 인간으로 바라볼 수 있어야 한다. 반대로 말해, 우울증에 빠진 사람은 자신과 상대방을 분리하지 못해 상실을 받아들이기를 미루고 새로운 삶으로 나아가지도 못하게 된다.

희성 씨는 여러 날에 걸쳐, 어디에서도 털어놓을 수 없었던 과거의 일들을 떠올리며 말로 표현하고 그리워하는 시간을 가졌다. 첫사랑과 제대로 이별하지 못한 채 결혼을 했던 것에 대한 후회가 오랫동안 그의 삶을 그림자처럼 따라다니고 있었다. 마음속에 다른 이를 품고 산다는 것에 대한 죄책감으로 가족 안에서 늘 저자세였던 것에 대한 울분도 있었다. 그것을 잊으려 회사일에 더욱 매달렸고, 그러다 예상치 못한 좌절을 겪을 때마다 그의 발목에는 풀리지 않는 족쇄들이 하나둘씩 늘어났다. 희성 씨는 사랑에서도 일에서도, 상실을 제대로 애도하지 못해 마음이 과거에 머물러 있는 상태로 하루하루를 살고 있었던 것이다.

그런 희성 씨에게 필요한 것은 과거의 실패한 인연은 과거로 떠나보내고, 현재의 관계를 바라보며 의미를 찾는 것이었다. 과거의 실패는 그것대로 소화시키고, 현재 내가 할 수 있는 것에 집중하며 새로운 기회를 찾아보아야 했다. 그 연료는 충분한 지지와 애정이었다. 다행히 그에겐 아주 풍부한 연료를 지닌 가족들이 있었다. 그렇게 오랫동안 후회와 죄책감으로 살아온 세월을 돌아보던 희성 씨는, 언젠가부터 조금씩 현재를 바라보기 시작했다.

창의성을 발휘할 때, 삶은 의미를 더한다

상실한 대상을 떠나보내고 슬픔을 정리한 뒤에도, 한 가

 남들 다 챙겨도 내 마음은 챙긴 적 없었다

지 과제가 남아 있다. 앞으로 삶의 의미를 찾는 일에는 무엇이 필요할까? 이에 대해 《실존주의 심리치료》의 저자 얄롬은, 이타주의와 창의성, 자기실현 등을 언급한다. 나를 위한 삶보다는 남을 위해 살아가는 일, 내가 하는 일에 헌신하며 보람을 느끼는 일, 각자의 잠재성을 발휘하며 자기실현의 만족을 추구하는 일 등 모두 좋은 내용이다. 그러나 무엇보다 인상적인 부분은 '창의성'에 관한 이야기였다.

여기서 말하는 창의성은 예술가로서의 기질 같은 특별하고 대단한 능력이 아니다. 우리는 모든 순간 창의성을 발휘할 수 있다. 일, 공부, 놀이 등 모든 면에서 매 순간을 새롭게 바라보고 나름대로 생각하고 경험할 수 있다. 개개인의 삶은 모두 각기 다르기에, 그 다른 기질과 경험 속에서 얼마든지 새로운 자기만의 것들을 만들어낼 수 있는 것이다. 상담과 심리치료에서도 정답이 하나로 정해져있지 않고, 결국 내담자 스스로가 자기에게 맞는 해결책을 찾아내는 것처럼 말이다.

실패를 없던 일로 치부하거나 그 실패에 갇혀 무능감에 사로잡히는 대신, 실패를 교훈 삼아 새로운 도전을 해보자. 이미 나이가 들어 도전이라는 말이 부담스럽다면 앞으로의 삶의 태도를 바꾸는 등의 작은 시도라도 괜찮다. 무기력한 우울 속에서 만난 활력은 사소하더라도 귀한 무기가 될 수 있다.

일 년 전, 10년을 함께 살던 고양이 '키키'가 무지개다리를 건넜다. 나이가 꽤 든 노령묘이긴 했지만, 그렇게 갑작스럽게 갈 줄은 몰랐던 터라 몇 날 며칠을 울며불며 지냈다. 아침에 일어나면 가장 먼저 인사하던, 식사 시간이면 늘 내 다리에 기대 있던, 소파 위에서 곤히 자다가도 컴퓨터만 켜면 벌떡 일어나 다가오던 아이가 이제는 더 이상 곁에 없다는 것을 확인할 때마다 눈물이 줄줄 흘렀다. 내가 고양이를 사랑해준 줄로만 알았는데, 고양이 역시 내게 사랑을 참 많이도 주었구나 생각하며 엉엉 우는 날도 많았다.

일 년이 지난 지금은 가족들과 함께 고양이 사진을 보면서, 그때의 추억을 떠올리면서 웃음꽃을 피운다. 고양이 별 어딘가에 있을 키키에게 '잘 있니?' 안부도 묻는다. '이사한 곳에 네가 있었으면 참 좋았을 텐데…'라며 아쉽고 그리운 마음도 전한다. 상실을 받아들이니, 떠난 그 아이가 현재의 우리 가족에게 새로운 의미가 되었다. 떠난 존재들은 남은 이들에게 어떤 임무를 주고 가는 것 같다. 그들을 대신해서 그들이 원했던 세상을 만드는 데에 조금이나마 보탬이 될 수 있다면, 그것이 나의 삶의 또 하나의 의미가 되겠다는 생각을 하니 조금 설레기도 한다.

  남들 다 챙겨도 내 마음은 챙긴 적 없었다

내가 사랑해야 할 1순위는 나 자신이다

내가 나인 게 너무 싫을 때

데미 무어가 주연한 영화 〈서브스턴스〉를 본 후, 그런 영화 장르를 '바디 호러body horror'라고 부른다는 사실을 처음 알았다. 영화의 줄거리는 이렇다. 할리우드 명예의 전당에 이름이 새겨질 정도의 화려한 명성을 얻었던 여배우 '엘리자베스'는 세월이 지나 유치한 에어로빅 쇼의 진행자 신세가 되었고, 50살 생일날 그 일자리마저 잃고 백수가 된다. 그러던 중 우연한 기회로 '서브스턴스substance'라는 이름의 신약을 얻게 된 그녀. 더 아름답고 완벽한 나를 만들 수 있다는 유혹적인 말에 넘어간 그녀는 위험천만한 모험을 시작한다.

약물을 주입한 엘리자베스는 극심한 고통과 끔찍한 신체 변형을 겪는다. 번데기를 찢고 나비가 나오듯, 늙은 몸뚱이를 가르고 새로 태어난 젊은 나의 모습은 충격적일 만큼 아름답다. 그러나 둘은 하나. '젊어진 나'는 주기적으로 '늙은 나'의 몸으로 돌아와야 한다는 규칙을 지켜야 한다. 하지만, 엘리자베스는 점차 '늙은 나'의 몸으로 돌아가기 싫다는 충동에 휩싸인다. 결국 그녀는 더 영원한 젊음을 위해 금단의 선을 넘는다. 호러 영화답게 낭자한 선혈과 잔인한 폭력이 한동안 이어지는 장면을 바라보며, 내게 든 감정은 혐오감이 아니라 슬픔이었다. 상담에서 자주 볼 수 있는 '자기혐오'의 극단을 보여주는 것 같아서였다.

서른아홉 생일을 맞은 지선 씨는 바쁘게 출근 준비를 하다가 문득, '이렇게 살아서 뭐 하나?'라는 생각이 들었다고 했다. 치기 어린 시절, 마흔이 되느니 죽겠다고 우스갯소리를 하긴 했지만 이제 그럴 나이도 아니었는데 말이다. 정말 마흔이 다가와서 싱숭생숭한 건지, 아니면 쌀쌀해진 계절 탓인지 회사 일도, 사람을 만나는 일도 다 귀찮기만 했다. 같은 회사에 10년을 근속하는 동안 별의별 일을 다 겪었지만 그때마다 잘 넘겨온 그녀였다. 그런데 오히려 일에서도 관계에서도 안정을 찾은 지금, 왜 갑자기 죽고 싶다는 생각이 드는 건지 스스로도 잘 이해가 되지 않았다. 크고 작은 실패나 좌절이 없는 건 아니었지만, 동료들과 똘똘 뭉쳐 이겨냈고 스스로도 이만한 직장이 없다는 생각이 확고했다.

그럼에도 뭔가 허전하고 만족스럽지 않은 기분은 쉬이 떨칠

　　　　　　　　　　　　　　　　남들 다 챙겨도 내 마음은 챙긴 적 없었다

수 없었다. 퇴근 후 편의점에 들러 술을 사 들고 귀가하는 날이 잦아졌고, 자극적인 음식을 시켜 폭식하는 일도 많아졌다. 마침 대학 시절 폭식과 구토를 반복하며 힘든 시기를 보낸 적이 있어, 그때의 악몽이 다시 시작되는 게 아닐까 두려워 상담실을 찾았다고 했다. 어려운 이야기를 꺼내 놓는 동안, 그녀는 이렇게 사느니 차라리 죽는 게 나을지도 모르겠다며 조용히 눈물을 흘렸다.

죽음과 삶의 변증법

자해와 자살에 대한 충동을 느끼는 사람은 생각보다 많다. 물론 심리학자 중에도 있다. 그중 마샤 리네한_{Marsha M. Linehan}이라는 심리학자의 경험은 아주 특별하다. 그녀는 청소년기 심한 자해로 정신병원에 입원했으나, 이후 심리학자가 되어 경계선 인격장애 치료에 탁월한 효과를 보이는 '변증법적 행동치료_{Dialectical Behavior Therapy, DBT}를 창시했다. 경계선 인격장애가 충동 조절, 만성 자해, 심하게는 자살 행동으로까지 이어질 수 있는 장애라는 점을 생각해 보면, 그녀는 말 그대로 자살 행동의 당사자로서 자살을 이겨낸 사람인 셈이다.

리네한은 자서전 《인생이 지옥처럼 느껴질 때》에서, 분명 일상을 잘 살아가고 싶은 순간에도 자살과 자해의 충동을 이겨내기 어려웠던 경험을 고백한다. 하지만 주변 사람들은 그녀의 이런 심리를 잘 이해하지 못했고, 병원이나 상담실에서도 적절한 도움을 받지 못했다고 한다. 결국 리네한은 자신의 경험을 바탕으로 자신과 비슷한 고통을 겪는 사람들을 위한 치료법을 만들어 낸 것이다. 그녀가 얼마나 치열하게 그 과정을 겪어 냈는지를 보면서 책을 덮을 즈음에는 울컥하게 된다.

변증법적 행동치료의 핵심은 서로 상반되는 것의 역동적 균형에 있다. 그녀는 살아야 하는 이유만큼 죽고 싶은 마음도 수용하기를 권한다. 자해를 단순히 '하면 안 되는 행동'으로 치부하는 것이 아니라 '자해하는 행동을 통해 느끼는 만족감' 역시 인정하는 것이다. 잘 생각해 보면, '다 관두고 싶다'라는 생각 앞에는 '이렇게 사느니'라는 표현이 생략되어 있다. 죽고 싶다는 말과 행동 뒤에는 삶에 대한 절박한 욕구가 있는 것이다. 리네한은 이러한 모순된 감정을 인정하고 기다려 주자고 말한다. 자기파괴적인 행동 이면에 '있는 그대로 수용 받고 싶은 마음'이 얼마나 컸는지를 깊이 이해하고, 수용과 변화 두 가지 전략의 균형을 추구하며 섬세하게 고통에 다가가고 변화를 꾀하는 것이다.

지선 씨는 평범한 가정에서 태어나 자랐다. 부모님은 그 시대의 여느 부모님들처럼 생계를 위해 바빴고 보수적이었으며 딸이 잘되기를 바랐다. 문제는 '잘된다'는 것의 기준이 세상과

 남들 다 챙겨도 내 마음은 챙긴 적 없었다

당신들의 삶에서 겪은 좁은 틀 안에 있었다는 것이었다. 부모님은 지선 씨가 조금이라도 다른 선택을 하려고 하면 잘못됐다고 지적했고, 억지로 부모님의 뜻에 따라 선택하면 그제야 만족했다. 그들은 사실상 그녀가 원하는 것이 무엇인지는 관심이 없었다. 부모님에게 지선 씨는 더 좋은 대학에 가지 못해서, 더 큰 기업에 취직하지 못해서 늘 조금 아쉬운 딸이었다. 거기다 서른을 넘기고 결혼에 대한 압박이 심해지자, 명절에 본가에 내려가는 것도 꺼려졌다.

물론 지금의 지선 씨는 예전처럼 부모님에게 흔들리는 어린아이가 아닌, 당당한 어른이었다. 세상도 많이 바뀌었으니 부모님의 강요쯤은 흘려버리면 된다고도 생각했다. 하지만 지선 씨의 마음 한편에서는 '서른아홉이 될 때까지 결혼도 못한 나는 못났다', '대학도 직장도 그저 그런 별 볼 일 없는 인생이다'라는 목소리가 꼬리표처럼 따라다녔다.

그 때문인지, 취업에 대한 압박이 심했던 시절 그녀는 폭식으로 스스로에게 벌을 주곤 했다. 다행히 꽤 괜찮은 회사에 취직이 되었을 때, 그녀는 안도했고 직장에서 좋은 성과를 내기 위해 누구보다 열심히 일했다. 하지만 세월이 흐르고, 또 기대하고 최선을 다했던 일에서 실패를 겪으면서, 그간 애를 쓰고 붙잡고 있던 무언가가 무너져 내린 것 같았다. 어쩌면 자신을 돌보지 않고 일에 매진했던 행동도 자해의 일종일지도 몰랐다.

상대가 나를 정말 위하는지 판단하지 않고 무분별한 관계를 맺고 상처받거나, 사람들을 멀리하며 고립된 상황에서 알코올에 의존하는 것 등, 그녀의 자해 행동은 겉모습만 달라진 채 계속되고 있었다. 이제 그녀에게 필요한 것은 지금의 자신을 긍정하고 싶은 마음과 부정하고 싶은 마음을 모두 인정하는 것이었다. 자신을 망쳐버리고 싶은 마음 너머에 있는, 지금 이대로도 괜찮고 사랑받고 싶은 마음을 알아주어야 했다.

'자살하고 싶다'라는 말의 진실

요컨대, 지선 씨에게 '죽고 싶다'는 말의 의미는 아주 다양했다. 가장 먼저, '이렇게는 못 살겠다'라는 독립선언과도 같았다. 더 이상 부모님의 기대에, 세상의 기준에 휘둘려 나를 평가하고 벌주며 살고 싶지 않다고 나를 멈춰 세우는 말이기도 했다. 또 한편으로는 남들과 조금 다른 길을 가더라도, 설령 그 과정에서 실패가 있다고 하더라도 스스로 판단하고 선택하며 책임지는 삶을 한 번쯤은 살아보고 싶다는 바람이기도 했다. 어떤 날은 그저 '너무 지치는' 마음에서 툭 하고 나온 말이기도 했으며, 막다른 길에서 다른 방법을 찾을 수 없어 막막할 때 터져 나온 '도망치고 싶다'는 심정이었을 수도 있다. 누구에게도 화라는 감정을 느껴보지도 표현해보지도 못한 그녀가 실은 '저 사람 죽여버리고 싶다'는 분노의 표현이었는지도 모르겠다.

이처럼 자살하고 싶은 마음을 구체적인 언어로 표현하면, 그것의 진실에 다가갈 기회가 생긴다. 그럼에도 불구하고 너무 자주 그 생각에 몰두하고 있다면 그것은 오랜 자기혐오의 마음에서 나오는, 스스로를 파괴하고자 하는 고통스러운 외침일 수도 있다.

내가 나를 사랑하지 못할 때 인간은 고독해진다. 그러면 평소라면 빠지지 않을 유혹에 빠지기도 쉽고, 결국 나의 소중한 삶을 파멸로 이끌게 될 수도 있다. 우리 각자는 그토록 나약하다. 그래서 건강한 인간관계가 필요한 것이기도 하다. 나의 한쪽 면만을 봐주는 사람이 아니라 나의 모든 면을 알고도 곁에 있어 주는 사람, 나를 이상화하는 것만이 아니라 나에게 실망도 하고 또 사랑도 하는 사람이 있다는 것이 얼마나 소중한 일인가. 그런 사람이 있다면 그를 위해서라도 더 잘 살고 싶어지고, 덜 죽고 싶어지지 않을까? 그런 누군가를 만나기 위해서는, 결국 내가 나의 모든 면에 마음을 열고 수용하며 사람들과 진실한 관계를 맺을 수 있어야 한다. 자기혐오의 마음이 조금씩 자기연민과 사랑의 마음으로 변할 수 있도록 멈춰서 현재의 나의 고통을 인정하고, 천천히 과거의 나에게 마음을 열어보자. 그리고, 나 자신에게 물어보자. 나는 무엇을 이해받고 싶었는가.

내 삶의 정답은
내가 정하는 것이다

정해진 대로 살아야 할 것 같아요

입사 10년 차인 영철 씨는 누구보다 성실하고 실력 있는 회사원이었다. 집에서도 자기 역할에 충실한 사람이라, 일이 바빠도 집안의 대소사를 거르는 일이 없었고 자녀를 키우는 일에도 살뜰했다. 그는 아들로서, 아버지로서, 남편으로서 자신의 책임을 다하는 것에 큰 가치를 두는 사람이었다.

영철 씨의 인생은 그럭저럭 괜찮게 흘러갔다. 물론 모든 게 순탄하지만은 않았다. 집안에서는 고부 갈등이 일어나기도 했고, 회사에서 부당한 대우를 받거나 폭언을 일삼는 상사와 일을 해야 하는 상황도 있었다. 그래도 영철 씨는 긍정적인 편이었다. 자신이 한발 양보해서 해결되는 일이라면 양보했고, 참아서 해결되는 일이라면 참았다. 문제를 키우지 않고 해결할 수 있다

　　　　　　　　　南들 다 챙겨도 내 마음은 챙긴 적 없었다

면, 차라리 남에게 맞춰 주는 게 더 편하다고 그는 말했다.

하지만 그런 영철 씨에게 낯선 상황이 찾아왔다. 회사 내에서 그간의 노고를 인정받아 승진과 함께 새로운 부서로 이동하게 된 것이다. 남들은 관심이 집중된 주요 직책을 맡게 된 것을 부러워했지만, 정작 본인은 전혀 달갑지 않았다. 주어진 업무를 수행하는 것에는 능숙했지만, 주도적으로 아이디어를 내는 일에는 영 재주가 없는 것 같았다. 출근해서 컴퓨터 모니터를 바라보고 있는 날이 길어질 때마다, 자신이 쓸모없는 인간이 된 것 같아 자괴감이 들었다. 그렇다고 포기할 수도 없는 노릇이었다. 영철 씨는 이러지도 저러지도 못하는 상황 앞에서 쩔쩔매다가 결국 깊은 불안의 늪으로 빠져들었다.

정해진 길을 벗어나는 건 누구에게나 두렵다

이처럼 우리는 더 큰 권한과 자유가 주어질 때, 오히려 더욱 불안을 느끼기도 한다. 규율이 엄격했던 학교를 벗어나 갓 성인이 된 학생들, 혹은 자유를 꿈꾸고 회사를 박차고 나온 퇴사자들 중에 이러한 어려움을 호소하는 사람들이 많다. 규율을 벗어나 자유를 얻으면 행복해질 줄 알았는데, 되레 막막함을 느끼는 이유는 무엇일까?

사회철학자이자 정신분석가였던 에리히 프롬은《자유로부터의 도피》라는 책에서 인간이 겪는 불안의 근원을 추적한다.

갓난아기는 혼자서 아무것도 할 수 없기에 부모로부터 모든 것을 제공받는다. 배가 고파 울면 부모가 알아서 젖을 물려 주고, 변을 보아 불편하면 부모가 알아서 정리해 준다. 그런데 아이가 성장함에 따라 그런 행동들이 점차 아이 자신의 몫이 된다. 가만히 있으면 젖이 입에 들어오던 유아기와 달리 스스로 숟가락을 사용해 밥을 떠먹어야 하고, 더 자라면 무엇을 먹어야 할지 스스로 정해 요리까지 해야 한다. 이는 한편으로 아이의 신체적, 정신적 힘이 그만큼 강해졌다는 뜻이기도 하지만, 다른 한편으로는 편의를 제공해 주던 존재가 사라지고 혼자가 되었음을 의미하기도 한다.

이렇게 인간은 누구나 성장 과정에서 고독을 느낀다. 프롬은 이러한 고독과 불안이 중세 사회에서 근대 사회로 이행하며 더욱 골치 아픈 문제가 되었다고 말한다. 이웃집 숟가락 개수까지 알 정도로 가깝고 친밀했던 전통적인 마을 공동체에서는 서로 고독과 불안을 채워 줄 수 있었지만, 옆집에 누가 사는지도 모를 만큼 파편화된 근대 도시에서는 그럴 수 없기 때문이다.

이렇게 고독이 해결되지 않을 때, 사람은 무력감과 불안감을 극복하고자 '권위'에 복종하고 싶은 충동을 느낀다고 프롬은 말한다. 무엇을 하고 어떻게 살아야 하는지, 복잡하게 고민하지 않아도 알아서 정해 주는 존재를 원하게 되는 것이다. 실제로 에리히 프롬이《자유로부터의 도피》를 출간한 1941년은 제2

   남들 다 챙겨도 내 마음은 챙긴 적 없었다

차 세계대전이 한창 진행되던 무렵으로, 개인이 국가에 맹목적으로 충성하는 전체주의가 대두한 시기였다. 프롬은 이러한 세태를 비판하며, '권위에의 복종'은 근본적인 독립을 이루지 못한 채 불안으로부터 잠시 도피한 것에 불과하다고 말한다. 더 큰 힘에 복종하는 삶은 잠시 마음 편할지는 몰라도, 결국 자신을 힘없고 보잘것없는 존재로 격하하며 괴롭게 살아갈 수밖에 없다는 것이다.

프롬의 분석은 수십 년이 지난 지금까지도 절로 고개를 끄덕일 만큼 예리하다. 자유와 민주주의를 말하면서도 권력과 자신을 동일시하며 맹목적으로 의지하거나, 끝없는 경쟁에서 살아남기 위해 스스로 몰아붙이는 사람들을 볼 때면 더욱 그렇다.

프롬은 근본적인 고독과 불안을 해소하는 유일한 방법이 '인간 및 자연과 자발적인 관계를 맺는 것', 즉 더 적극적으로 살아가며 사랑하는 것이라고 말한다. 그렇게 살아가기 위해 가장 필요한 것이 뭘까? 바로 호기심이다.

호기심은 초보 상담자들을 교육할 때 강조하는 개념이기도 하다. 왜냐하면 미숙한 상담자일수록 고정관념을 가지고 타인을 제멋대로 판단할 가능성이 크기 때문이다. 진정으로 상대를 알기 위해선 당연하다고 생각하는 사고의 틀을 버려야 한다. 이처럼 호기심은 섣부른 판단을 멈추고, 잘 모른다는 겸손의 태도를 견지하며, 대상을 있는 그대로 바라보려는 마음을 의미한다.

상담에서뿐만 아니라 자기 자신에 대해, 나아가 세상에 대해 호기심을 갖고 질문하는 태도는 삶을 더욱 풍요롭게 만든다. 어떤 상황이든, 어떤 대상이든, 쉽게 판단하고 답을 정해버리면 창의적인 대안을 찾기 어렵고, 무력하고 우울한 상태로 이어질 수 있다. 당연한 것은 없다. 사회에서 '보편적'이라 불리는 것에 대해서도 질문이 필요하다. 각자 그것을 이해하고 소화하는 방식은 천차만별이기 때문이다. '왜 공부를 열심히 해야 하는가?', '왜 대기업에 취직해야 하는가?', '왜 돈을 많이 벌어야 하는가?', '왜 결혼을 해야 하는가?' 등 흔히 행복의 조건으로 회자되는 것들이 과연 나에게도 필요한지 확인하는 과정은 내 마음에 한발 가까이 다가가 고독과 불안을 녹이고 생동감을 준다.

나의 삶을 생생하게 살아간다는 것

영철 씨는 스스로를 보수적인 사람이라고 말했다. 회사 생활 중 불만을 드러내거나 상사와 부딪치는 동료들에 대해서도 비판적인 시선을 갖고 있었다. 자기 일이나 제대로 할 것이지, 괜한 소란을 피우는 사람들이 싫다고도 했다. 조용하고 순응적인 그의 태도 이면에 적개심과 분노가 보이는 듯했다.

회사 동료들에 대한 비난으로 시작된 영철 씨의 일장 연설은 곧 사회의 부조리와 모순에 대한 날선 주장으로 이어졌다. 무엇이 그를 그리도 분노하게 했는지, 어쩌다 그런 분노를 마음

     남들 다 챙겨도 내 마음은 챙긴 적 없었다

속 깊숙이 감춘 채 살아오게 됐는지 호기심이 고개를 들었다.

　이어지는 대화 속에서, 영철 씨는 남들 다 겪는 사춘기를 겪어본 적이 없다고 털어놓았다. 집에서는 늘 착하고 책임감 있는 아들이었고, 부모님의 기대를 저버리는 일은 되도록 하지 않았다. 그건 그에게 너무나도 당연한 일이었고, 오히려 그렇지 않은 사람들을 이해할 수 없었다. 그는 아버지의 폭력과 어머니의 우울이 무섭고 버겁다는 생각조차 하지 못한 채, 그저 당장 필요한 역할을 해내는 일 외에 다른 생각을 하지 못했다. 그것이 어린 영철 씨를 버티게 하는 유일한 방법이었기 때문이다. 자신에게도 진정 원하는 일이 있고, 그걸 위해 나아갈 수 있다는 생각이 그에게는 너무나도 생소했다.

　그런 영철 씨에게 필요한 것은 도움을 청하는 일이었다. 자유로 인해 생기는 고독과 불안을 감당하기엔 너무나도 서툰 영철 씨였기에, 처음부터 혼자 떠맡기보다는 주변의 도움이 꼭 필요했다. 마치 부모의 도움을 받으며 조금씩 걸음마를 익히는 아이처럼 말이다. 물론 그 시작은 자신을 있는 그대로 인정하는 것부터였다. 지금 주어진 업무가 현재의 내가 감당하기엔 벅차다는 것, 그리고 나의 성향과 맞지 않는다는 사실을 있는 그대로 받아들이는 것. 그것이 영철 씨가 도움을 청하기 위해 마주해야 할 첫 번째 질문이었다.

살아가는 일을 사랑하기

정해진 대로 살아가고 싶은 마음은, 결국 안정을 잃고 싶지 않은 마음일 것이다. 혹시라도 위험한 상황이 펼쳐질 수도 있다는 생각이 들 때면 누구나 도전을 피하게 된다. 그러다 보면 때로는 기꺼이 자유를 포기하고 살아간다. "정답이 정해져 있으니 시키는 대로만 하면 된다"라는 말은 얼마나 달콤한가. 고민할 필요도 없고, 내 선택이 아니니 결과에 대해 조금은 무책임해져도 될 것 같아 마음이 가벼워지기도 한다.

그런데 그 '정해진 삶'은 누가 정한 것일까? 당연하다고 생각했던 것들은 정말 그러한가? 어쩌면 우리는 안전하게 살기 위해, 내면의 적개심을 감춘 채 겉으로만 순응하는 척 연기하며 살아가고 있는 것은 아닐까?

물론 주어진 것을 수용하는 능력도 중요하다. 우리는 어느 시대에, 어떤 가정에서 태어날지 선택할 수 없으니 말이다. 그럼에도, 나의 운명을 받아들이는 태도는 내가 결정할 수 있다. 적극적인 태도로 호기심을 갖고 나의 감정과 생각을 인식하며 살아가는 것과, 질문 없이 무언가를 회피하고 살아가는 것은 다르다. 무력감을 피하기 위해 독립을 포기하고 누군가에게 내 삶의 키를 맡겨버린다면, 우리는 영원히 무력한 존재로 남을 뿐이다.

그러니 "이게 아닌데…"라며 멈칫하게 되는 순간이 온다면, 습관처럼 충동에 이끌려 가던 나를 불러 세워야 한다. 에리히

 남들 다 챙겨도 내 마음은 챙긴 적 없었다

프롬이 계속해서 강조했던 '사랑하는 삶'은 결국 내 삶에 대한 적극적인 태도에서 시작된다. 나 자신에게 호기심을 갖고, 나의 진실을 기꺼이 마주하려는 자세로 살아갈 때 우리는 사랑하는 상태의 설렘과 충만함을 느끼게 된다. 이렇게 우울한 나를 문득 멈춰 세워 질문할 때, 나를 사랑하는 일이 무엇인지 그 힌트를 얻을 수 있으리라.

도망친 곳에 낙원은 없다

힘들면 도망치고만 싶어요

대학교 때 상담실을 찾았던 순간을 떠올려 보면, 더 이상 도망칠 곳이 없었던 시기였던 것 같다. 뒤늦은 사춘기를 겪으며 속이 부글거리는데 집을 나올 능력은 없었을 때, 사회로 나가는 것은 너무 두렵지만 더 이상 졸업을 미룰 수는 없었을 때, 나는 절박한 심정으로 두 번 학교 상담실의 문을 두드렸더랬다.

막막한 심정을 토로하면 조금 마음이 가벼워지기도 했지만, 눌러두었던 분노를 끄집어내다 보면 필연적으로 미움 또한 피어올랐다. 타인에 대한 미움을 마주하는 것도 힘들었지만, 한편으로는 잘못 행동했던 나에 대한 미움도 있었다. 나의 잘못을 인정하는 일은 더욱더 어려웠다. 오랫동안 두려움과 불안이라는 그늘에 숨어 회피하고 도망치기만 했던 나의 부족함을 받아들이는 건 무척 부끄럽고 아픈 일이었다.

그러나 그 과정은 반드시 필요했다. 그럼에도 고통 속으로 들어가는 시간은 힘들었고, 현실적인 문제를 해결하는 것이 더 시급하다는 핑계로 어떤 문제는 회피한 채 지나쳤다. 가끔은, '그때 내가 좀 더 내 문제에 제대로 직면했다면 지금과는 조금 다른 삶을 살았을까?'란 생각이 들기도 한다. 물론 그 시기의 나는 그만큼 나약했기에, 이후에 닥친 뼈아픈 시련이 없이는 무엇이 잘못되고 있는지 알 수 없었을지도 모른다.

백수 생활 3개월 차에 접어든 희연 씨는 깊은 우울에 빠져 있었다. 다니던 회사 사정이 어려워지면서 직장을 잃게 된 것이었지만, 내심 일을 그만두고 싶던 차였던지라 휴식도 취하고 당분간 실업 급여도 받을 수 있어 처음엔 해방감을 느꼈다.

그러나 기쁨도 잠시, 시간이 갈수록 실직 상태가 계속될 것 같은 불안감이 밀려왔다. 조급한 마음에 구직 준비를 하려고 해도, 어그러진 생활 패턴 때문에 집중이 되지 않아 시간을 허비하는 날들이 반복됐다. 이제 곧 실업 급여도 끝나는데, 친구들은 다들 직장에서 자기 자리를 잡아가는데, 누군가는 결혼도 하며 앞으로 쭉쭉 나아가는 것 같은데 나만 제자리걸음이라는 생각에 초조해졌다. 처음엔 정말로 내게 맞는 일을 찾아서 직장을 구하자고 다짐했건만, 이제는 그냥 아무 회사라도 들어가는 게 나을 것 같다는 생각도 들었다.

괴로운 마음이 극에 달하면, 현실을 잊고 싶어 술을 잔뜩 마시거나 며칠 동안 게임에 빠져 지냈다. 그렇게 하고 나면 반드시 찾아오는 자괴감의 시간은 그녀를 더욱더 궁지로 몰아갔다. 서른이 다 될 때까지 부모님과 함께 살고 있다는 것이 너무 한심했고, 그 마음을 아는지 모르는지 볼 때마다 잔소리를 잊지 않는 엄마의 표정도 그녀를 자극했다. 엄마에게 소리를 지르며 화를 냈다가 그로 인한 죄책감을 잊으려고 술을 마시고 잠든 다음 날, 희연 씨는 뭔가 잘못되어 감을 느꼈다. 그렇게 희연 씨는 상담실에 찾아올 용기를 냈다.

죄책감은 족쇄인가, 힘인가

정신분석을 공부하면서 가장 흥미로운 점은, 복잡한 마음의 여러 면을 있는 그대로 바라보고 그것이 어떤 식으로 변화하는지를 관찰한다는 점이다. 특히 현대의 정신분석가들은 치료자와 내담자가 상호주관적인 관점으로 함께하는 정서 체험을 중시하며, 그 과정 속에서 의미를 발견하는 데에 관심을 둔다. 희연 씨의 경우를 예로 든다면 그녀의 분노가 술을 마시고 게임에 빠지는 행동으로 이어지는 것을 확인한 후, 그 분노의 감정을 상담자와의 경험 안에서 생생하게 느끼며 감정이 관계 속에서 어떻게 변화하는지, 세밀한 관찰과 깊은 이해의 과정에 초점을 두는 것이다.

　　　　　　　　　남들 다 챙겨도 내 마음은 챙긴 적 없었다

　희연 씨의 마음을 가장 괴롭힌 것은 죄책감이었다. 하지만 정신분석가들은 우리가 흔히 부정적으로만 여기는 죄책감이 실은 성숙과 사랑의 증거일 수 있다고 말한다. 특히 멜라니 클라인의 이론에 따르면, 죄책감은 우리의 마음이 모자람 없이 발달하여 잘 돌아가고 있음을 보여주는 증거다. 인지 능력이 부족한 어린 아기는 자신에게 젖을 주는 엄마를 '좋은 사람'으로, 젖을 거둬 가는 엄마를 '나쁜 사람'으로 분리하여 인식한다. 그러나 성장하면서 아이는 자연스럽게 자신을 만족시켜 주는 엄마와 좌절시키는 엄마가 실은 '동일한 사람'임을 깨닫게 된다. 이때 아이는 울고 떼쓰는 자신의 공격적인 충동이 사랑하는 엄마를 파괴하는 일일지도 모른다는 걱정을 하게 되는데, 이것이 바로 건강한 죄책감의 시작이다.

　즉, 죄책감은 타인을 배려하고, 내 충동을 조절하며, 관계를 회복하려는 노력의 원동력이 된다. 클라인의 이론을 계승한 위니컷은 이를 두고 '죄책감을 느낄 수 있다는 것은 불안을 견디고 자신의 행동을 변화시킬 수 있는 힘을 갖게 된 것'이라고 말했다. 반면 양육 환경의 불안정으로 인해 양육자에 대한 신뢰가 없거나 자신감을 잃은 경우, 우리는 죄책감을 느끼는 대신 남 탓을 하거나 아예 문제를 회피해 버린다. 즉, 때로 죄책감을 느끼는 일은 부끄러운 것이 아니라 적절한 환경에서 성숙한 결과로 나타나는 다정한 능력일 수 있다는 것이다.

희연 씨가 현재 느끼는 불안의 뿌리는 실직 상태보다 더 깊은 곳에 있었다. 가난한 집에서 생계를 위해 쉼 없이 일을 해야 했던 부모님에게, 희연 씨는 언니와 남동생 사이에 끼어 잘 챙겨주지도 못한 아픈 손가락이었다. 희연 씨는 사랑받고 싶어 '착한 딸' 역할을 자처했지만, 마음 한구석엔 채워지지 않은 서러움과 원망이 쌓여 있었다.

어쩌면, 가끔 엄마에게 폭발하듯 화를 내는 것은 그녀가 할 수 있는 최소한의 복수였는지도 몰랐다. 하지만 자식들을 위해 고생한 부모님의 노고를 알기에, 화를 내고 나면 곧바로 심한 자책감에 시달렸다. 부모님이 밉다가도 미안하고, 고맙다가도 원망스러운 이 복잡한 마음을 그녀는 감당하기 어려웠다.

희연 씨는 자기 안에 있는 미움과 사랑이 모순된 것이 아니라, 자연스러운 감정임을 받아들여야 했다. 그저 "괜찮아, 네 탓이 아니야"라는 섣부른 위로만으로는 부족했다. 희연 씨에게 진정으로 필요한 것은, 그녀가 스스로의 미움을 인정하고 그 이면에 있는 사랑을 발견하여 건강한 죄책감을 느낄 수 있도록 돕는 과정이었다.

너의 탓이 아니다, 그리고 그의 탓도 아니다

영화 〈굿 윌 헌팅〉에는 상담사 '맥과이어 교수'가 주인공 '윌'에게 "그건 너의 탓이 아니야"라고 반복해서 말해주는 장면

     남들 다 챙겨도 내 마음은 챙긴 적 없었다

이 나온다. 윌은 지적으로 매우 우수한 두뇌를 가졌지만, 정서적으로는 학대의 상처 속에 갇혀 살아온 청년이었다. 그는 늘 화가 나 있는 것처럼 보였지만, 실은 죄책감을 숨긴 채 스스로를 비난하고 있었다. 그런 윌의 마음이 맥과이어 교수의 따뜻한 말에 스르르 녹아내리는 모습이 참 감동적이다.

이때 "너의 탓이 아니야"라는 말은, 윌에게 다른 사람을 탓하라며 건넨 말이 아니다. 그보다는 스스로를 가둔 감옥에서 나와도 된다는 말에 가깝다. 학대받은 것은 너의 잘못이 아니지만, 그 상처를 핑계로 현재의 삶을 망가뜨리는 것은 너 자신이니, 이제 그 감옥에서 밖으로 나와야 한다는 사랑 섞인 경고이기도 하다.

이 대목이 그토록 많은 이들의 마음을 울렸던 이유는 두 사람의 진심이 통하는 장면이기 때문이다. 이는 윌이 자신의 깊은 감정을 마주할 수 있도록 지지해 준 맥과이어 교수의 진심 덕이었다. 피상적으로 '자책하지 말라'며 위로하는 말은 쉽게 힘을 잃는다. 죄책감을 피하지 않고 마주할 때, 나의 책임을 인식할 수 있을 때 비로소 진정한 힘이 생긴다. 내 상처는 내 탓이 아니지만, 그 상처를 딛고 어떻게 살 것인가는 오롯이 나의 책임이기 때문이다.

힘들면 도망치고 싶은 것이 당연하다. 그리고 때론 반드시 도망쳐야 할 때도 있다. 그러나 도망친 결과가 나를 더 힘들게 한다면 그땐 멈춰야 한다. 잠시 휴식하는 것이 아니라 나의 힘을 무시한 채 살아가고 있다면, 그래서 내 삶이 어디로 가는지 알 수 없어 혼란스럽다면 도망을 멈추고 불안을 견뎌야 할 때다. 혼자 감당하기가 어렵다면 타인에게 도움을 청해서라도 내 마음 깊은 곳을 들여다볼 필요가 있다. 나는 무엇으로부터 도망치려고 하는가? 이토록 나쁘게 느껴지는 것은 무엇 때문일까? 이 부조리한 상황에 대해 나의 책임은 없는가? 이런 질문을 던져야 한다.

대학생 시절의 나를 돌아보면, 나는 부모님에게 잔뜩 화가 나 있었다. 실은 한 번도 내 의사를 제대로 표현한 적이 없으면서, 부모님의 기대에 맞추려 노력한 것은 나의 선택인데도 말이다. 그 분노는 일면 타당한 것이었지만, 성인이 된 나의 삶은 이제 내 몫이었다. 그것을 마주하기란 슬픈 일이었고 긴 애도의 시간이 필요했다.

부모님과의 관계를 비롯해, 여러 관계에서 쉽게 상처받고 힘들었던 것은 내가 나를 방치한 결과이기도 했다. 내가 나를 존중했다면 벌어지지 않았을 일들을 너무 쉽게 저지르고 쉽게 자책했다. 습관적인 자책으로는 내가 나를 더 나아지게 만들 수 없었다. 오직 나를 더 미워하고 세상을 더 미워하게 될 뿐이었다.

그 시절 나는 눈을 감고 살았던 것 같다. 세상에 순응하며 사

   남들 다 챙겨도 내 마음은 챙긴 적 없었다

는 것처럼 보였지만 유일하게 내가 적극적으로 했던 것은 도망치는 것이었다. 나는 상처받았고, 또 상처를 주었다. 그 과정을 아프게 들여다보고 깊이 이해하게 되었을 때 나는 더 이상 그러지 않기로 결심했다. 그 결심은 내 삶에 큰 힘이 되었고, 도망칠 때와 멈출 때를 선택할 수 있게 되었다.

나와 타인과의 관계에서 알 수 없는 감정이 내 마음을 콕콕 찌를 때, 머물러 성찰하고 잘못을 바로 잡을 수 있는 것은 삶을 살아가는 데에 아주 중요한 기술이다. 미안할 때 미안하다고 말하고, 고마울 때 고맙다고 말하자. 상대가 밉다면 차라리 밉다고 말해도 된다. 그러나 나의 책임으로부터 도망치지는 말자. 그러면 비로소 상대의 가치가 보이고 진정한 감사함을 느낄 수 있게 된다. 그런 관계 속에서 우리는 비로소 도망치지 않고 내 삶의 주인으로 살아갈 수 있다.

다들 잘 사는데 나만 힘든 것 같아요

언제부터인가 상담을 받는 사람들에게서 '있는 그대로'라는 말이 자주 등장하는 것 같다. 연인과의 관계에서 무엇을 원하는지 물었을 때, 부모에게 바라는 것이 무엇인지 말로 표현해 보자고 권했을 때, "있는 그대로 나를 사랑해 주기를 원한다"라는 말을 쉽게 들어볼 수 있다.

하지만 이들은 그렇게 말하는 동시에 자기 말에 의문을 품기도 한다. '나조차도 지금의 내가 싫은데, 나를 있는 그대로 사랑해 준다는 게 과연 가능한 것일까?'라는 생각에 빠지곤 하는 것이다. 이처럼 '있는 그대로의 나'를 바라봐 주길 원한다는 건, 달리 말해 상대가 보는 내 모습을 인정하지 못한다는 의미이기도 하다. 상대방이 내뱉은 단어 하나에 집착하는 것도, 그 단어를 그대로 받아들여 거부감을 드러내는 것도 모두 스스로에 대한 몰인정과 연관되어 있다. 그렇다면, 남에게 있는 그대로를 봐 달라고 말하기 전에 먼저 스스로에게 물어보아야 한다. '나는 왜 그렇게 남이 보는 내 모습을 견디지 못하는 것일까?'라고 말이다.

나르시시즘의 문화가 개인의 삶에 끼친 영향

영수 씨는 매우 예의 바르고 다정한 사람으로 보였다. 긴 유학 생활 끝에 한국으로 돌아와 일자리를 얻은 후, 달라진 환경에 적응하는 것이 조금 고되긴 했지만 그럭저럭 잘 지내고 있다며 말을 시작했다. 해외에 있을 때 주변 친구들이 매주 운동을 가듯 상담실을 드나드는 것을 보았고, '한국 생활이 어느 정도 안정되면 나도 한번 상담을 받아볼까' 하는 가벼운 마음으로 신청했다는 그는 상담에 대한 기대가 커 보였다. 어쩌면 그만큼 하고 싶은 말이 많을 수도 있었다. 말의 표면과 다른 이면이 궁금해졌고, 예의 바른 태도 이면에 숨은 감정들에 호기심이 생기는 순간이었다. 설렘과 긴장의 묘한 분위기 속에서 현재 겪고 있는 심리적 문제에 대해 물었다.

알고 보니 영수 씨는 사실 매우 우울한 시간을 보내고 있었다. 그는 고등학교 때부터 해외에서 유학 생활을 했는데, 사회성이 조금 떨어져 또래 관계에 조금 어려움을 겪긴 했지만 학창 시절 내내 우수한 성적으로 인정받는 등 전체적으로는 평탄한 생활을 보내고 있었다. 적지만 깊은 사이의 친구들이 있었고, 대학에 가서도 뚜렷한 목표를 향해 노력한 결과 원하던 곳에 취업을 하게 되어 주변의 부러움을 사기도 했다.

그런 그에게 콤플렉스가 있다면, 연애를 길게 해 본 적이 없다는 것이었다. 최근 마음에 드는 이성에게 고백을 했다가 거절당한 경험이 그에게 큰 상처가 되었고, 우울한 상태가 생각보다 길게 이어지자 불안한 마음은 더욱 커졌다. 안정적인 연애를 하지 못해서 가장 불안한 점이 무엇인지 묻자, 그는 '꿈꾸던 삶을 이루지 못하는 것'이라고 말했다. 그가 꿈꾸던 삶에서 가장 중요한 것은 두 가지였는데, 하나는 좋은 직장을 갖는 것이고 다른 하나는 화목한 가정을 꾸리는 것이었다.

문제는 그가 추구하는 '화목한 가정'의 모습이 다소 비현실적이라는 것이었다. 유복한 집안의 예쁜 아내와 결혼해 널찍한 집에서 아이를 키우고, 자신이 바깥일에 전념하는 동안 아내가 뒷바라지해 주는 삶. 그것이 영수 씨 상상 속 화목한 가정의 모습이었다. 물론 영수 씨 또한 자신이 꿈꾸는 가정의 모습이 너무 이상적이라고 생각하긴 했다. 그러나 최근 하나둘씩 결혼하는 주변 친구들의 모습을 볼 때마다, 아직도 혼자인 자기 모습이 너무 처량해 보였다. 그 보상 심리 탓인지, 갈수록 더 이상적인 결혼생활을 꿈꾸게 된다고 영수 씨는 말했다.

날카로운 사회 비평가이자 역사학자인 크리스토퍼 래쉬

　　　　　　　남들 다 챙겨도 내 마음은 챙긴 적 없었다

Christopher Lasch는 1978년 처음 출간한 《나르시시즘의 문화》에서 현대인들이 겪는 불안의 근원을 예리하게 통찰한다. 그에 따르면, 현대인의 불안은 나르시시즘, 즉 자기애에서 출발한다. 래쉬는 현대인들이 세상을 '거대한 거울'로 생각한다고 말하는데, 이는 곧 사물을 사물 그 자체로 바라보는 것이 아니라 자신을 비춰 보는 도구로 이해한다는 뜻이다. 사람 역시 예외가 아니다. 래쉬는 현대인들이 자존감을 확인하기 위해 타인을 필요로 한다고 지적한다. 마치 SNS에서 '좋아요' 개수에 매달리는 우리 모습을 떠올리게 하는 대목이다. 그 결과, 현대인은 더 이상 전통을 쌓지 못하고 순간의 쾌락을 탐닉하며 이리저리 떠돌 뿐이라고 래쉬는 말한다.

이러한 문제의식은 정신분석에서도 이어진다. 정신분석가들은 갈수록 많아지는 자기애성 성격 장애를 어떻게 치료할 것인지 여러 연구를 진행해 왔으며, 아직도 치열한 논쟁을 거치고 있다.

이들 이론에 따르면, 어린 시절 좌절을 지나치게 적게 겪은 사람은 자기애성 성격을 가지게 될 가능성이 크다. 다시 말해 제대로 된 좌절을 겪어본 적 없는 사람일수록 자신을 과신하게 되고, 깎여나간 적 없이 웅대한 자기상을 붙잡고 살아가는 것이다. 그리고 이와는 정반대로, 어린 시절 지나치게 큰 좌절을 겪은 사람 역시 자기애성 성격을 가지게 될 가능성이 크다. 작은 좌절부터 조금씩 극복하는 연습 없이 갑작스러운 상실을 극복해야 했던 사람은, 무엇보다 자신의 심리적 안정과 보신을 우선하기 때문이다. 물론 타고난 기질의 영향도 무시할 수 없지만, 기질 역시 환경에 따라 변화한다는 점은 마찬가지다.

이렇게 자기애적 성격을 가진 사람들은 나와 다른 타인의 마음이 존재한다는 것을 잘 인식하지 못하기에 사회생활을 어려워한다. 즉, 다른 사람의 말과 행동을 자신의 잣대로 판단하고 그 나름의 생각과 감정이 있다는 것을 상상하지 못해 공감도 어려워지는 것이다. 자신을 있는 그대로 온전히 존중받아 본 적이 없어서 타인을 있는 그대로 존중할 줄 모르는 것이기도 하다. 나아가 누구보다 우월하고, 누구보다 성공한 나의 이미지에 집착하며 상대를 무시하고 이용하는 태도 이면에는 부족한 모습이 드러날까 봐 불안한 어린 내가 있다. 이러한 양상은 겉으로 드러나기도 하고 내면에 숨어있기도 하는데, 두 경우 모두 현실에서의 자기 모습을 인정하지 못한 채 진실한 관계를 맺는 데에 어려움을 겪는다. 무언가를 이룬 것 같지만 만족할 수 없고, 친구들이 많은 것 같지만 외롭고 공허한 감각을 지닌 채 살아가는 것이다.

자기애적 성격을 가진 사람들은 치료자와의 관계에서도 이같은 패턴을 반복하는데, 치료자를 자기의 환상 속에서 이상화했다가 어느 순간 평가절하하고 비난하는 식이다. 나를 치료하

　　　　　남들 다 챙겨도 내 마음은 챙긴 적 없었다

는 사람은 나보다 대단한 사람이어야 하지만, 나보다 더 나은 사람이 있어서는 안 된다는 딜레마에 갇히고 마는 것이다.

정신분석가 코헛은 이러한 어려움을 공감하고 이해하며 치료에 활용하고자 '자기심리학' 이론을 창시했다. 여기서 그가 주목한 개념은 '전이transference'다. 전이란, 과거의 중요한 대상에게 느꼈던 감정을 상담자와의 관계에서 다시 느끼게 되는 것을 말한다. 코헛은 내담자가 상담자에게 어떤 모습을 바라는지 설명하는데, 이는 과거 부모의 모습이 투영된 것이다.

부모가 한없이 위대해보였던 시기에 아이는 부모를 이상화한다. 더불어 부모는 아이의 작은 행동에도 칭찬을 아끼지 않으며 우월감을 맘껏 누릴 수 있도록 도와준다. 이후 성장 과정에서 아이는 자신의 나약함을 확인하게 되고, 완벽하지 않은 현실적인 부모 역시 마주하게 된다. 이러한 좌절의 경험은 아이가 건강한 정체성을 기르고 현실적인 야망을 추구하는 데에 밑거름이 된다.

이 과정을 제대로 경험하지 못한 사람은 상담자에게 이상적인 부모상을 투영하면서(이상화 전이), 우월한 나를 계속해서 비춰주기를 소망한다(거울 전이). 상담자는 자신을 한껏 부풀리는 내담자의 반응에 으쓱하기도, 당황하기도 하고 동시에 어떤 해석도 거부하며 자기에게 좋은 이야기만 해달라는 태도에 공감이 어려워지는 난관에 봉착한다.

코헛은 이러한 전이가 일어나는 순간을 인식하고 과거에 미처 하지 못한 경험을 해볼 기회로 삼자고 제안한다. 치료자에 대한 이상화를 거두고도 관계를 이어갈 수 있도록, 내담자의 웅대한 자기상에 맞서 꺾어버리는 대신 '적절한 좌절의 경험'이 자연스럽게 형성될 수 있도록 유도하는 것이다. 이렇게 하면 내담자가 눈과 귀를 막고 환상 속에 고립되거나 더 거만해지는 부작용 없이, 오히려 자신을 더욱 있는 그대로 바라볼 수 있게 된다.

이러한 과정을 두고 코헛은 '공감의 실패를 공감한다'고 표현한다. 치료자의 감정을 부드럽게 되돌려주며, '나는 당신을 이해하고 싶지만 그렇게 하지 못했고 이는 우리 관계에서 매우 안타까운 일'임을 함께 애도하는 것이다. 이러한 공감의 과정을 '변형적 내재화'라고 한다. 이는 이상화된 타인이나 가짜 자기상 없이도 스스로 자신의 삶을 마주하고 책임질 힘을 얻는 성숙의 과정이 된다.

영수 씨는 늘 나보다 잘난 친구들과 경쟁하며 외롭고 힘겨운 학창 시절을 보냈다. 유복한 집안에서 태어나 자유롭게 유학 생활을 즐기는 친구들 사이에 있다 보니, 비교적 부족한 가정환경에 대한 불만이 컸다. 그러다 보니 언젠가는 누구보다 잘난 사람이 되어 내 앞에서 뽐내던 친구들에게 보란 듯이 성공한 모습을 보여주는 것이 삶의 동기가 되었다. 직장에서도 친구 관계에서도 누구보다 너그러운 것처럼 보였지만, 그의 내면은 끊임없이 자신과 타인을 비교하고 평가하며 분투하고 있었다. 그런

　　　　　　　　남들 다 챙겨도 내 마음은 챙긴 적 없었다

삶은 너무나도 외로웠다. 그나마 학업이나 업무 측면에서는 치열한 노력으로 그럭저럭 해낼 수 있었지만, 내 맘대로 되지 않는 관계의 문제가 결국 그의 발목을 잡아 버린 것이다.

영수 씨는 환상 속의 자기 모습에서 벗어나 현실의 나로 살아가야 했다. 외모적으로나 물질적으로나 완벽한 상대와 결혼해서, 모두에게 부러움을 사는 화목한 가정을 꾸린다는 비현실적 목표를 내려놓아야 했다. 그러려면 그의 조건을 보고 잠깐 왔다 가는 사람이 아니라, 자신의 부족한 면도 외면하지 않고 함께 고치며 나아갈 수 있는 상대를 만나 현실적인 행복을 경험하는 것이 필요했다.

그런 평범한 관계 속에서 즐거움을 느낄 수 있으려면, 무엇보다 헛된 이상에서 벗어나, 상처받고 초라하지만 그럼에도 잘 견뎌 온 진짜 자신을 마주해야 했다. 이를 위해서는 예의 바르고 다정한 모습 뒤에 감춰 두었던 솔직한 나의 감정을 표현할 줄도 알아야 한다. 너무 세속적인 것 같아서, 혹은 너무 유치한 것 같아서 감추고 있던 마음을 펼쳐 보일 수 있을 때 비로소 변화도 기대할 수 있다. 물론 그 과정은 아주 부끄럽겠지만, 그것을 통과하고 난 세상은 이전과 다른 모습일 것이다.

'있는 그대로의 나'는 고정되지 않는다

비교와 경쟁을 부추기는 현대 사회에서 성취에 매달리

고 자기 이미지에 집착하는 것은 어쩌면 자연스러운 일이다. 동시에 그러한 사회 현상을 이해하고 나와 타인을 희생시키지 않으면서 진정한 행복을 누리는 방법을 고민하는 것 역시 꼭 필요하다. 이를 고민하지 않고 타인과의 관계를 헛된 이상의 제물로 삼는 사람들이 늘어난다면, 그것은 우리 사회 전체가 병드는 결과를 낳을 것이다. 지금이야말로 사회 각 분야에서 아이들의 적절한 좌절과 건강한 성장을 위한 고민이 절실하다는 생각이 든다.

몸이 약한 아이가 있다면 체력을 길러 주는 것도 좋지만, 몸이 약해도 잘 살아갈 수 있는 세상을 만들어 주는 것도 중요하다. 이를 위해서는 몸이 약해서 겪는 체력적 부담이나 따돌림 등의 좌절에 공감해주는 어른이 필요하다. 나아가, 몸이 약한 게 꼭 나쁜 것은 아니며, 다른 장점을 발휘할 수 있음을 가르치고 함께 찾아 줄 어른이 필요하다.

이처럼 '있는 그대로'를 사랑한다는 것이란, 완벽하지 않은 존재를 완벽하게 만들어 주는 것이 아니라, 완벽하지 않은 존재가 노력하고 분투하는 과정을 따스한 시선으로 존중하는 것이 아닐까? 고정된 이상적 이미지에서 벗어나 좌절과 행복을 온전히 경험하고, 이 과정에서 발견한 나만의 매력을 마음껏 발휘하는 것이 바로 '있는 그대로의 나를 사랑하는 것'이다.

✳ 당신의 가치는
당신이 만드는 것이다

내 인생은 왜 특별하지 않을까요

초등학교를 졸업한 뒤 처음 맞는 스승의 날, 6학년 때 담임선생님께 인사를 드리러 친구들과 함께 학교를 찾았다. 선생님과 우리는 함께 운동장 그늘집에 둘러앉아 잠시 담소를 나눴다. 졸업한 제자들이 찾아와준 것이 기특하고 기쁘셨던지, 선생님께서는 우리 한 명 한 명에게 근황을 물으며 덕담을 건네 주셨다. 공부를 잘하던 친구에겐 중학교 가서도 잘하느냐며, 운동이 특기였던 친구에겐 아직도 반에서 달리기가 제일 빠르냐며 웃음꽃을 피웠다.

그러던 중 드디어 내 차례가 왔다. 그전까지 막힘없이 흐르던 이야기가 내 앞에서 순간 멈춘 것 같았다. 안 그래도 괜히 왔나 싶어 어색하던 차에 잔뜩 위축이 됐다. 아주 긴 시간처럼 느꺼졌던 잠깐의 침묵이 끝나고, 선생님은 드디어 입을 여셨다. "계정이는 여전히 바느질을 잘 하니?" 그 말을 듣자마자, 나는 나도 모르게 울컥 눈물이 날 뻔했다. 공부나 운동처럼 멋진 특기를 지닌 친구들에 비해 나는 너무 하찮고 초라한 존재처럼 느껴졌기 때문이다.

어린 시절 나는 늘 조용하고 튀지 않는 아이여서 날 기억하는 사람이 별로 없기도 했는데, 한참 만에 나온 '바느질' 이야기가 내게는 "너는 너무 평범해서 할 말이 없구나"라는 확인 사살처럼 들렸던 것이다. 그때의 나는 똑똑하고 예쁘고 누구나 기억해주는 '특별한 사람'이 되는 것이 꿈이었다. 내 삶에 그런 특별한 꿈이 없을지도 모른다는 생각은 오랫동안 나를 우울하게 했다.

꿈꿀 수 없는 삶

대학 상담실을 찾은 다음 씨는 진로를 결정하지 못한 채 졸업을 미루고 있었다. 부모님 몰래 휴학했다가 들켜서 타협 끝에 1년을 쉬고 복학했지만, 남은 한 학기를 마치는 것조차 두려워했다. 휴학 기간 동안 뭐라도 해보려 했지만, 알바를 해서 돈을 벌면 스트레스를 푼다며 다 써버리고 후회하는 일을 반복하다 보니 1년이 훌쩍 가버렸다고 했다. 친구들이 하나둘 제 갈 길을 찾아 떠나는 모습을 보며 "이제 더는 미룰 수 없다"는 압박

 남들 다 챙겨도 내 마음은 챙긴 적 없었다

감에 시달렸지만, 그럴수록 더욱 무기력해질 뿐이었다. 다행인 건, 이렇게 주저앉으면 안 된다는 생각으로 제 발로 상담실을 찾았다는 점이었다. 그것이 다음 씨의 가장 큰 자원이었다.

진로 문제로 시작된 이야기는 곧 관계의 문제로 이어졌다. 대학은 운 좋게 성적 맞춰 들어왔지만, 다음 씨는 자신이 무엇을 잘하고 좋아하는지 진지하게 고민해본 적이 없다고 했다. 주변 지인과 친구들을 따라하고, 어른들이 좋다는 것을 막연히 쫓을 뿐 '나의 생각'이라는 게 없었다. 그래서인지 사람들과 친해지기는 쉬워도 관계가 깊어질수록 할 말이 없어 대화가 따분해졌다. 연애할 때도 상대에게 맞추기만 하다가 헤어지기 일쑤였다. 상대가 나를 좋아해 주길 바랄 뿐 타인에 대한 호기심이나 애정이 느껴지지 않았기에, 상대방은 금세 지치거나 흥미를 잃고 떠나곤 했다. 이렇게 상처가 누적될수록 삶은 고달파졌고, 그런 다음 씨에게 의욕적으로 꿈을 갖고 미래를 설계하는 일은 무척이나 어려워 보였다.

다음 씨는 상황에 수동적으로 끌려갈 뿐 적극적으로 '경험' 하지 못하고 있었다. 어디까지가 자신의 결정인지 알지 못했고 그로 인해 결과에 대한 책임을 질 생각도 하지 못했다. 자기 주도적인 결정은 경험을 자신의 것으로 만드는 데 중요한 역할을 한다. 좋은 성적을 받기 위해서는 열심히 공부해야 하고, 공부에 대한 동기부여를 위해서는 나에게 맞는 목표를 세워야 한다. 상대가 나를 좋아한다고 그저 따라 좋아할 것이 아니라, 나는 그를 어떻게 생각하고 우리 관계는 어떠했으면 하는지 생각하며 관계를 발전시켜야 한다. 그러나 자신의 생각과 감정을 인식할 수 없었던 다음 씨는 공부와 연애로부터 아무것도 배우지 못한 채 실패로 끝났다. 책임질 수 없는 삶은 생기를 잃고 만다. 다음 씨에게 필요한 것은 삶을 적극적으로 살아내며, 생기를 불어넣어 줄 자유로운 상상력과 생각할 수 있는 능력이었다.

그렇다면 스스로 생각할 수 있는 능력을, 나아가 자유로운 상상력을 키우려면 어떻게 해야 할까? 정신분석가 윌프레드 비온Wilfred Bion이 주장하는 '꿈꾸기'에서 실마리를 얻을 수 있다. 그는 아기가 원하는 것을 얻을 수 없어 날것의 감정을 표출하는 과정에서, 이를 수용해주고 지지해주는 사람의 도움을 얻으며 참을성을 기르고 사고능력을 발달시킬 수 있다고 말했다. 이러한 사고능력 중에는 상징에 의미를 부여하고 이해하는 능력도 포함되는데, 이 능력이 발휘되는 가장 익숙한 예가 바로 잠잘 때 꾸는 꿈이다.

다만 비온은 꿈꾸기가 밤낮을 가리지 않고, 잠들었을 때나 깨어 있을 때나 항상 일어나는 정신 현상이라고 보았다. 그에 따르면 꿈꾸기란 상징적인 사고력을 이용해, 외부의 감각과 인상을 자신이 이해할 수 있는 방식으로 소화하는 과정이다. 그래서 비온은 "꿈꾸기는 생각하기의 가장 심오한 형태"라고 말했

  남들 다 챙겨도 내 마음은 챙긴 적 없었다

다. 꿈을 단순히 해독해야 할 대상이 아니라, 마음이 현실을 소화하는 과정이라고 본 것이다.

이는 어쩌면 '다시 생각하기'의 과정이라고 볼 수 있다. 이미 의식 속에서 결론이 난 이야기를 다시 해체하고 무의식의 상태로 바꾸면서, 그 면면을 다시 들여다봐야 한다는 것이다. 이것을 다시 말하면 스스로 소화하지 못하고 외부에서 주입된 대로 반복했던 사고를 다시 소화하며 비로소 내 것으로 만들어내는 과정이기도 하다. 한편 이는 내적 경험, 즉 정서에의 접촉이 없이는 불가능하다.

그래서 비온은 대화 치료인 정신분석이, 인지와 정서 발달의 과정과 비슷하다고도 주장한다. 경험을 말로 표현하는 것은 속으로 되뇌는 것보다 복잡한 사고 과정이기에, 아무 생각이 없이는 말하기 어렵다. 특히 혼잣말이 아닌 상담자와 함께 나누는 대화에서는 더욱 그렇다. 자신이 보고 들은 것과 그로부터 느낀 것을 말하기란 막연한 시공간을 뚫고 자유롭게 떠오르는 것을 펼쳐 나가는 과정이기도 하다. 마치 꿈을 꾸는 것처럼 말이다. 이렇게 언어화하지 않으면, 생각은 그저 안개 속에 남게 된다. 그 안개 속에서 언어를 건져 올리는 일은 때로 용기가 필요하고, 시간이 많이 걸리기도 한다. 하지만 이를 잘 통과한다면, 커다란 변화가 찾아온다.

내가 창조하는 모든 삶은 특별하다

상담 초반에 다음 씨는 말도 아주 잘하고 상담에 열심히 참여하는 내담자였다. 그간 겪었던 일들을 꾸밈없이 이야기할 줄 알고, 때로는 숨기고 싶은 이야기가 불쑥 나와 부끄러워하기도 했지만 신뢰가 쌓이고 나서는 어디에도 할 수 없었던 말을 하면서 자유를 만끽하는 것을 느낄 수 있었다.

그러나 상담이 진행될수록, 대화는 늘 비슷한 내용으로 기울었다. 그럴 때마다 갑갑하고 무력한 분위기가 감돌았다. 마치 이미 정해진 답이 있어서, 그것을 뛰어넘는 일이 불가능한 것처럼 보였다. 돌이켜보면 그녀의 수많은 말 중에 자기 생각에서 나온 것은 별로 없었다. 다른 사람들이 그녀를 관찰하며 해준 말, 다른 사람의 경험에 따른 조언들, 다른 사람과 비교해서 본 자신의 모습 등 외부의 어떤 것에 기대지 않고는 생각조차 할 수 없는 것 같았다. 그런 사고방식 때문에 느꼈을 막연한 무력감과 공포가 느껴지기도 했다. 대인관계에서의 문제도, 감당할 수 없는 막연한 공포 때문에 상대가 원하는 모든 것을 해주며 피학적인 방식으로 자신을 내던지는 것 같아 안쓰러웠다.

다음 씨는 먼저 생각하는 능력을 키워야 했다. 그러려면 그전에 소화되지 않은 많은 감정이, 다듬어지지 못한 생각들이 '꿈꾸기'로 발현되는 과정이 필요했다. 그간 한 번도 숙고하지 못한 나라는 존재에 대하여, 순간순간의 나의 경험을 외면하지

  남들 다 챙겨도 내 마음은 챙긴 적 없었다

않고 그대로 마주하는 것의 가치를 느껴보아야 했다. 그 첫걸음은 다른 누군가의 기대와 사회적인 기준에 맞춰 특별한 무언가가 되어야 한다는 압박감을 내려놓는 것이다. 그 다음은 나의 삶은 어디로 가고 있는지, 그것이 나에게 맞는 방식인지 아닌지 낱낱이 따져보는 것이다. 어렵고 불안하겠지만, 그러한 난처함을 곁에서 지지하고 수용해 주는 상담사와 함께라면 얼마든지 극복할 수 있다. 이렇게 나를 새롭게 이해하는 과정이 바로 나를 사랑하는 일이다. 나아가 진심으로 삶과 사람을 사랑할 줄 아는 능력이 자란다면, 관계에서도 상대를 공감하며 연결을 유지할 수 있고, 일에서도 더 의미를 찾을 수 있게 될 것이다.

문득, 아직도 바느질을 잘하냐는 선생님의 질문이 진심 어린 관심의 표현이었을지도 모른다는 생각이 든다. 만약 그게 아니더라도 상관없다. 바느질 과제를 제출하던 날, 엄마 손을 빌린 다른 친구들과 달리 나는 오롯이 내 힘으로 만들어 제출했다. 그때 만든 가방에 애착을 품고 실내화 주머니로 가지고 다니기도 했다. 그만큼 바느질 과제는 당시의 나에게 뿌듯한 자랑거리였다. 중학생이 된 나는 그것도 잊은 채 선생님을 원망하고 나 자신을 미워했던 게 아니었을까. 다른 사람들의 기준에 휩쓸려서 말이다.

누구나 잘하는 것이 있고, 지금 당장은 서툴더라도 잘 하고 싶은 것이 있다. 하지만 때로 우리는 남들 보기에 그럴싸한 무언가를 찾으려 애쓰다가 내 삶의 보석을 외면해 버린다. 마음껏 꿈꾸고 생생하게 살아갈 수 있다면, 그만큼 특별한 삶이 또 어디 있을까? 다른 건 몰라도 내가 꾸는 꿈은 세상에 단 하나뿐인, 가장 특별한 것이다. 그리고 그 과정에서 자라나는 나의 생각들 역시, 쉽지 않은 삶을 살아가기 위한 귀한 자원이 될 것이다.

                                  남들 다 챙겨도 내 마음은 챙긴 적 없었다

남들 다 챙겨도
내 마음은 챙긴 적 없었다

초판 1쇄 인쇄 2026년 03월 30일
초판 1쇄 발행 2026년 04월 06일

지은이 이계정
펴낸이 이부연
총괄디렉터 백운호
책임편집 유인엄
표지디자인 스튜디오 글리

펴낸곳 (주)스몰빅미디어
출판등록 제300-2015-157호(2015년 10월 19일)
주소 서울시 서대문구 충정로 35-17, 501호 (인촌빌딩)
전화번호 02-722-2260
인쇄·제본 길훈C&P
용지 신광지류유통

ISBN 979-11-91731-88-0(03190)

내 안의 목소리에 귀 기울일 때
비로소 인생은 변화하기 시작한다!

천재 물리학자가 호주의 사막에서 발견한 인생의 법칙

전 세계 44개국에 번역 출간된 충격 실화

'노틸러스 도서상' 'USA 북뉴스 최우수 도서상' 최종 후보작

★★★★★

> **과거의 나를 만날 수 있다면
> 이 책을 읽으라고 말해 줄 것이다.**
>
> _ 아마존 독자 Ar***

혼돈 가득한 삶에서 나를 지켜준 깨달음

내 삶을 가로막은 건 언제나 나였다

게리 홀츠 지음 | 강도은 옮김

인간관계 때문에 힘들다면
먼저 나부터 보살펴야 한다

삶의 무게를 반으로 줄이는 마음 수업

★★★★★

**2025년 대한민국 학술원 우수도서 선정 저자
이지영 교수가 알려주는 내 마음 사용설명서!**

> 이 책을 통해 삶에서 가장 중요한 것은
> 내 마음과 소통하는 것임을 깨달았다!

— KBS 아나운서 정용실 —

삶의 무게를 반으로 줄이는 마음 수업
내가 먼저 나를 아껴야 남도 나를 아껴준다

이지영 지음

잠깐의 기분에 발목 잡혀 인생 전체를 망치지 마라!

★★ 60만 독자가 선택한 감정 관리 바이블 ★★
★★ 일본 아마존 10년 연속 초장기 베스트셀러 ★★

"미래를 걱정하지 마라, 결과는 부딪혀 봐야 안다"
"과거를 후회하지 마라, 지금 이 순간에 집중하라"
"무례한 사람 신경 쓰지 마라, 무시하면 그만이다"
"불쾌한 감정은 억누르지 마라, 더 크게 폭발한다"

예민한 사람들을 위한 신경 끄기의 기술
어제의 기분으로 오늘을 살지 마라

와다 히데키 지음